THE REVOLT OF TIME 2

AKBAR M. FAKHAR

BOOKS ACADEMY
LEARNING LIFE FROM EVERY PAGE

Books Academy LLC
112 SW H K Dodgen Loop,
Temple, Texas 76504
Hotline: (254) 800-1189

Ordering Information:
Quantity sales. Special discounts are available on quantity purchases by corporations, associations, and others. For details, contact the publisher at the address above.

Printed in the United States of America.

ISBN-13:	Softcover	978-1-964929-80-4
	eBook	978-1-964929-81-1

Library of Congress Control Number:

Dedication

I want to thank the people who were most supportive of me in the realization of this labor of love, publishing a book of Farsi/English poems. My son, Sohrab Fakhar, was instrumental in handling the digital files for the book, including both the sketches and recordings. My wife, Mahshid Fakhar, was a source of strength and support throughout, and I was pleased to renew a friendship with my Editor, Sidney Harrison Moore, with whom I worked on a previous book.

Thanks also go to the Fiverr support received from Giga Galaxy, for the excellent transcription of the original Farsi manuscript, and to Farzaneh Gharehei for her sensitive translation of the Farsi poems to English.

Contents

۱- پدر عزیزم

پدرم
که باد یغما ستوده او را
سنگ خارا برخواسته و تعضیم‌ها کرده او را
مثل موجی به ساحل
خود ساخته و خورده صیقل به دست زمانه
مادرم
که در اوج دنیاهای ناشناخته
باری کهن که بر دوش کشیده
ناشناس با موهومات این زمانه
پدر عزیزم
می‌آورد ارمغانت را هر باد بهاری
با شکفتن غنچه‌ای بر روی نونهالی
مادر عزیزم
با بوسه‌ها و دست‌های گرم و پر محبت تو
نمی‌گزارد جائی خالی برای خاطره‌ای
برای شما
آسمان را بجای فرشی
و خورشید را به جای کوسنی
پدرم عزیزم
صدای تو همه پند
ای کاش می‌بودی
بر برگ گلی و
در لیوان آبی و
در رو به رویم
همیشه تازه
مادرم عزیزم

To My Dear Father

My father,
Whom the winds of fortune have praised,
Granite boulders rise and bow to him,
Like waves that caress the shore,
Shaped by time's relentless hand,
Polished and smooth.

My mother,
Who treads unknown realms,
Bearing an ancient burden,
Unfamiliar with the illusions of this age.

My dear father,
Each breeze of spring brings your gifts,
As blossoms bloom on the branches
Of tender saplings.

My dear mother,
With your warm, loving hands and kisses,
You leave no room for emptiness
In our memories.

For you,
The sky becomes a carpet,
And the sun, a cushion to rest upon.

My dear father,
Your voice, all wisdom,
I wish you were here,
On a petal,
In a glass of water,
Standing before me,
Always new.

My dear mother,
Time bows to your wisdom,
All creation bound by your grace,
The bird of the sky feeds from your hand.
Will our little ones speak of you thus?
Will they say these words or others yet unknown?

۲- پاییز

وقتی که
غرش شیری تنها حکمفرماست
وقتی که
جیغ برگ‌های زرد
و افتادن آن‌ها از درختان
وقتی که
درونِ سرمای زمستان را تماماً احساس می‌کنی
و زمستان
و زماستانِ در حالِ آمدن را
وقتی که
آبِ جویبارِ نزدیک به باغی
مثل ماری می‌خزد به دور درختان
وقتی که
پرنده‌ای سرگردان و با کوشش فراوان
به دنبال نصفه دانه‌ی گم گشته‌ی خود می‌گردد
وقتی که
ماهی‌های کوچولوی جویبار
بدون نگاه کردن به پشتِ سر
از یک طرف به طرف دیگر شنا می‌کنند
حتی با چشم بسته
حتی با چشم بسته و بدون آرزوی پیدا کردن نرمه
غذایی منتظرند
وقتی که
پرندگان فراموش کرده‌اند خواندن را بخاطر خوابِ
طولانی
وقتی که
گوشه‌ای از جویبار خاکِ آن شسته شده
و جایش را برای بارانِ تازه یا برفی باز کرده
وقتی که
پرندگانِ آوازه خوان جای خود را به کلاغ‌ها داده‌اند
و درختان لخت با چند برگِ خشکیده به شاخه
عجب خلقتی

وقتی که
بادها و بادها مثل تیری سرما را بر صورت‌ها
می‌نشانند
وقتی که
مرغ ماهیخواری آخرین غذای خود را
از آخرین ماهی کوچولوی باقی مانده تمام می‌کند
وقتی که
شکوفه‌های گیلاس در سایه و زیر پوست درختان قایم
شده‌اند
که آیا روزی بیرون خواهد آمد؟
وقتی که
تو قصه‌های قلبت را مثل معمائی به هم ریختی
که آیا هر کدا را روزی به جای خودش خواهی
گذاشت؟
وقتی که
مرغِ مینا آخرین کرم خشک شده را از پیاده‌رویی
برمی‌دارد
وقتی که
سبزه‌ها امید خود را از گرمای خورشید از دست داده
و سر به زمین فرود آورده‌اند.
و گویی می‌خواهند درباره به خاک فرو روند
وقتی که
راسویی گم کرده آخرین بلوط خود را
وقتی که
زمین‌ها سرد می‌شوند
به سردی قلب تو
بدون هیچ اثر پایی از تو
ممکن است یک روز بهاری و آفتاب ملایمی
پرندگان آوازه‌خوان را دوباره ببینیم؟
خوراک برای پرندگان
و اشک برای چشمان گرسنه‌ی من
می‌شود روزی قلب من مثل طبلی پر صدا
برای تو بزند؟
و فقط برای تو بزند؟

کاشکی می‌شد

اگر می‌شد

کاشکی می‌شد

اگر می‌شد

غرش شیرِ آسوده خیال

برگشته آن خُرم و گرما

ایستاده جویباری

شکل بلورین دریاچه‌ای

پرنده‌ای سیر و هشیار

ماهیان رقص کنان

بدون هیچ دلبستگی و انتظار

برگ‌ها با طنازی و شور بی حساب

حل معمای قلب تو

با دست من

و فقط با دست من

تقدیم بلوط به راسوی خیال

گوش تو مملوئی از سر و صدای طبل قلب بی آرامش

من

نه اگر و ... نه کاشکی

نه اگر و ... نه کاشکی

و بدون هیچ چون و چرا

AKBAR F. M.

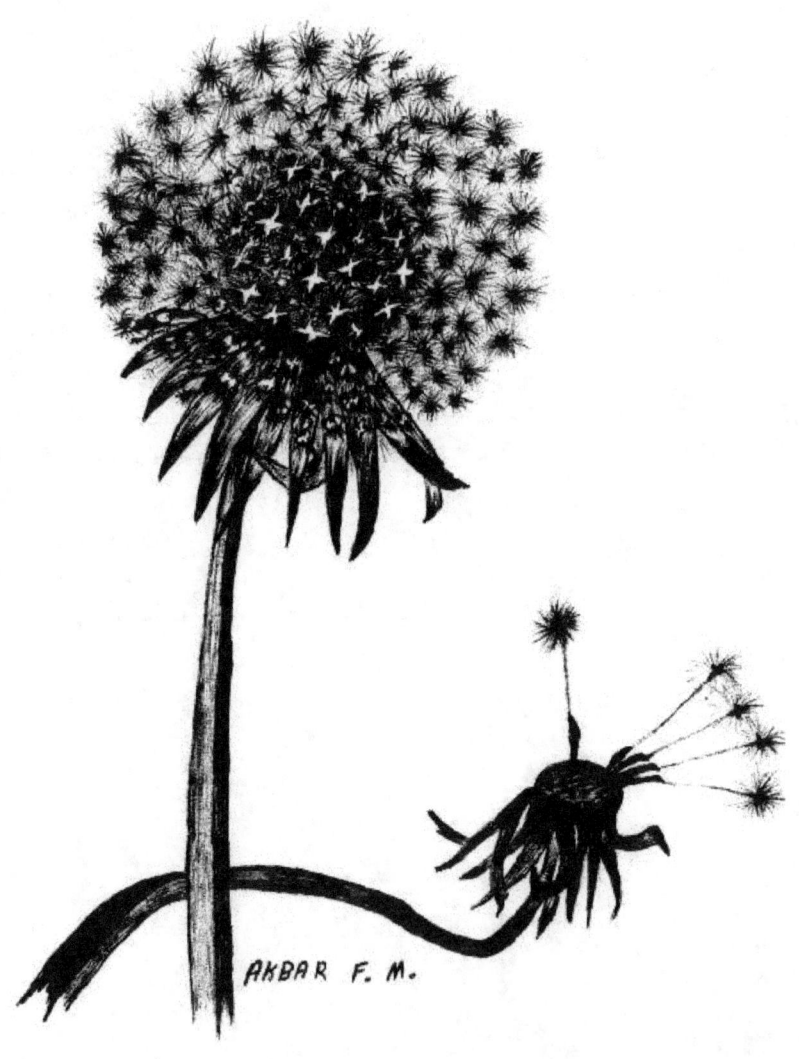

Autumn

When the roar of a lone lion reigns,
When the scream of yellowed leaves
Falls from trees,
When you feel the chill of winter creeping in,
And winter itself hesitates,
Hovering on the edge of arrival.

When a stream near the garden
Slithers like a serpent around the trees,
When a lost bird, wandering and weary,
Hunts desperately for its missing grain,
When little fish in the stream
Swim from side to side
Without a glance behind,
Eyes shut,
Waiting without hope
For the touch of food.

When the birds forget to sing,
Wrapped in endless sleep,
When the corner of the stream
Washes its soil away,
Making space for fresh rain or snow,
When the singing birds
Give way to crows,
And bare trees cling to their last dry leaves.

What a creation!
When the winds, sharp as arrows,
Carve cold into faces,
When the heron devours its final meal
From the last tiny fish left,
When cherry blossoms hide
In the shadows beneath the bark,
Wondering if they'll ever emerge.

When the stories of your heart
Lie scattered like a puzzle,
Will you ever place them back
Where they belong?
When the starling picks up
The last dried worm from the pavement,
When the grasses, losing hope in the sun's warmth,
Bow their heads to the ground,
As if yearning to sink into the earth.

When a lost squirrel
Misplaces its final acorn,
When the ground grows cold,
As cold as your heart,
Without a single footprint from you—
Might we see again one spring day,
Birds singing once more,
Food for the birds,
And tears for my starving eyes?

Will my heart ever beat like a drum,
Loud and strong,
Only for you?

Only for you?
If only it could.
If only it could.
If the roar of the peaceful lion returns,
If the warmth and glow return,
If the stream stands still,
Its waters crystal like a lake,
If the bird, full and alert,
If the fish dance without care or wait,
If the leaves twirl in endless joy,
If I solve the puzzle of your heart
With my own hands,
And only my hands—
Presenting the acorn to the imaginary squirrel.

Your ears, filled with the sound of my restless heart,
No more "if only," no more "what if,"
No more doubt, no more delay,
And without a single question asked.

۳- راز خلقت

نمی‌دانم کین راز خلقت چیست

نمی‌دانم که آن را در چه می‌بینی

نمی‌دانم این خواب‌ها چیستند

اثر چشمان توست

یا یاد لحظه‌های پیشین

چرا؟

چرا چنین است راز شب‌ها

یکی شب را بالی

دیگری ... هیچ

نمی دانم چرا؟

شبی با غم خفتن

یا گذشتن از شبی پر سر و صدا و پر هیایو

نمی‌دانم ... نمی‌دانم

یکی شب را به سالی

دیگری ... هیچ

نمی‌دانم در این شب‌های خاموش

چه نهفته است

نمی‌دانم که این راز خلقت چیست

یکی این خواب طلائی گذشته

دگر خواب غم افزاری کشیده

یکی بیدار و هوشیار مست در عشق

دگر در خواب غرق رفته

نمی‌دانم نمی‌دانم نمی‌دانم

The Secret of Creation

I do not know what this secret of creation is,
I do not know where you find it,
I do not know what these dreams are,
Born of your eyes,
Or memories of moments gone by.
Why?
Why is the secret of night so?
One finds wings in the night,
Another... nothing at all.
I do not know why.

A night spent in sorrow,
Or one that fades in noise and chaos,
I do not know... I do not know.
One finds wings in the night,
Another... nothing at all.

I do not know what lies hidden
In these silent nights,
I do not know what this secret of creation is.
One dreams of golden days now past,
Another dreams in sorrow's shade.
One awake, drunk on love,
Another drowned deep in slumber.

I do not know,
I do not know,
I do not know.

۴- حقیقت

بوسه‌ای بر لب دریای نمک

صحرای سپیدی و بی غروری

مثل چهره، چشمه‌ای و خورشیدی

دیدن چشمه آبی

پر آبی یا بی آبی

خورشیدی داغ

یا رو به خاموشی

حقیقت ... من و تو هستیم و بس

نگاهی بر لب دریا

نگاهی بر آسمان

ما که رفتیم چرخ دنیایی نمی‌ایستد یا فلک؟

یا همیشه دنیا بوده و هست

حقیقت ... من و تو هستیم و بس

نه دیروز و نه امروز و نه فردا

زمان را ما آفریدیم و بس

مثال گل سینه‌ای می‌درخشد صورت‌ها

بپوشانیم ارمغانش را

حال با موی سپید و چین در صورت

حقیقت ... من و تو هستیم و بس

گفتی

گفتی بینمت فردا در گذر

ندیدم آشنا صورتی فرداها درگذر

زمانه نه ایستاد و چرخ چرخید

حقیقت ... من هستم و تو نیستی و بس

آسمان آبی و سرد

خورشید سرخ و شرور

من نباشم

من نباشم چرخ خواهد ایستاد یا زمان؟

Akbar M. Fakhar

Truth

A kiss upon the salty sea's edge,
A desert, white and proudless,
Like a face, eyes, and sun,
Seeing a spring—
Full or dry,
A blazing sun
Or one fading into night.
The truth... it is just you and me, nothing more.

A gaze upon the sea's lips,
A glance at the sky—
When we are gone, will the world's wheel halt?
Or has it always turned, and always will?
The truth... it is just you and me, nothing more.

Not yesterday, not today, not tomorrow,
Time was created by us, and nothing more.
Like a flower, our faces shine upon the chest,
Let us cover its gift,
Now with white hair and wrinkled skin.
The truth... it is just you and me, nothing more.

You said,
You said, "I'll see you tomorrow, in passing."
But I saw no familiar face passing by tomorrow.
Time did not stop, the wheel kept spinning.

The truth... I remain, but you are no more, and nothing more.
The sky is blue and cold,
The sun, red and fierce.
When I am gone—
When I am gone, will the wheel stop, or will time?

۵- آرامش

این چنین یاری در این دنیای خالی دلم
این گلِ وحشی و زیبا
این گلِ سرخ و سپید و آبی رویای من
شاید لانه کرده میان شوره‌زارِ دلم
یا در میان گلزارِ دیگری و بستری دیگر
کنون فرسنگ‌ها دور
دور است آن دورهای دور
دور از این دلِ بی آرامش من
یا که آرام گرفته در آغوش دیگری؟
بویمش از راهِ دور
بسته چشمم تا در آغوشش گیرمش
تا باز بینم آن دلِ بی آرامشش
شاید و شاید آتشی که به خاکستری تبدیل شده

AKBAR F. M.

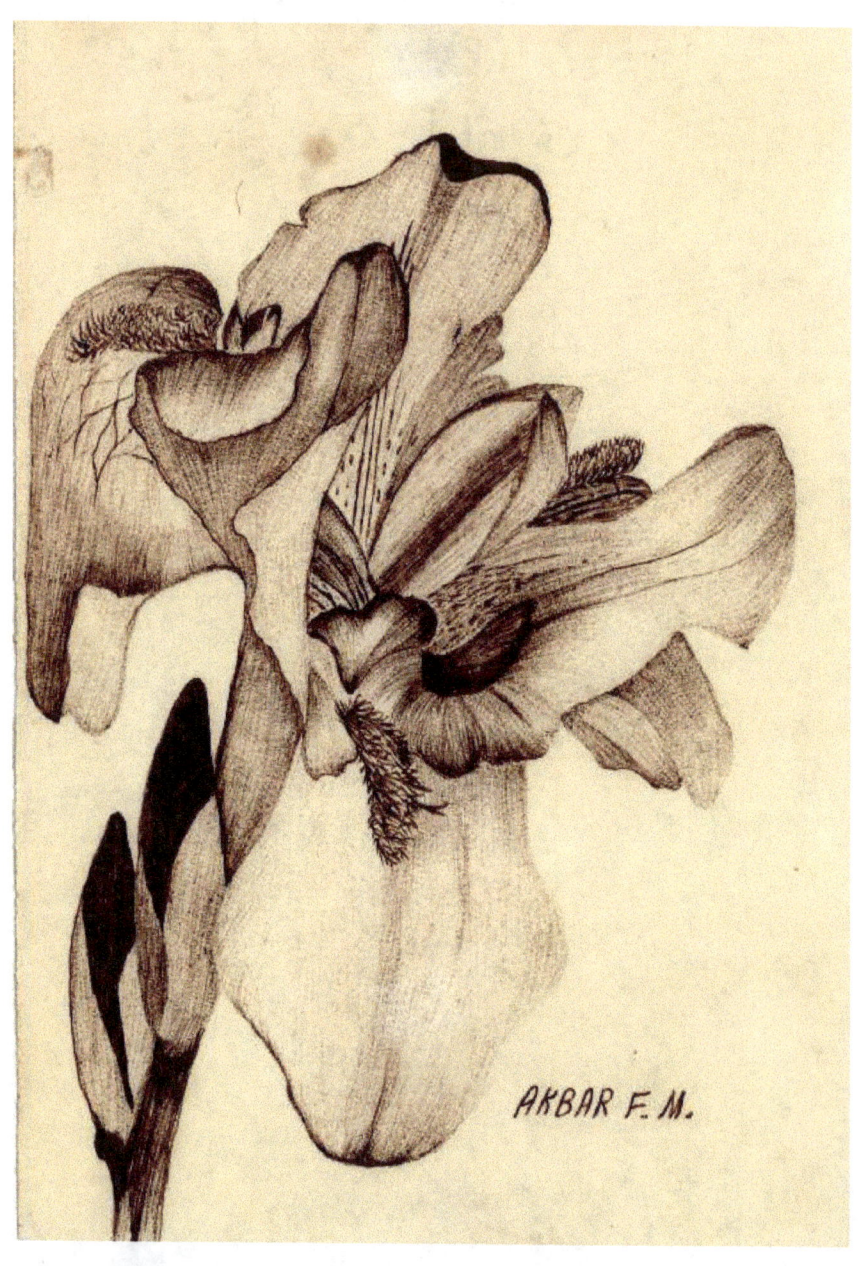

Peace

Such a companion in this empty world of mine,
This wild and beautiful clay,
This red, white, and blue clay, my dream.
Perhaps it's nested within the salty wasteland of my heart,
Or in some distant garden,
On another bed, far away.
Now, miles apart,
So far, in that distant beyond,
Far from my restless heart—
Or has it found peace in another's embrace?

I scent it from afar,
Eyes closed, reaching to hold it tight,
To find peace for my heart once more.
Perhaps, perhaps a flame turned to ash.

۶- شکوه تو

شکوه تو
مثال آوایِ باران
لرزه‌ی تو
مثال ناله‌های بیدِ مجنون
نگاه تو
مثال زیبایی‌های ساحلِ دریا
راه رفتنت
مثال سبک بال قویی در آب و آسمان
صدای تو
مثال بلبلی در بهاری و زیبایی قوس و قزح
ناز تو
مثال نرمیِ ماهی‌های چشمه
اشک تو
بر هر قطره‌اش دنیایی با کهکشانش
خشم تو
مثال دریایی طوفانی مثال دنیای من
قلب تو
مثال تمام شقایق‌های دنیا
دیوانگی تو
مثال قلب هر روزه‌ی من
رویای تو
مثال سنگ خارا و ماهی‌هایی نرم و لطیف و
نرمی علف‌های چشمه و سنگ‌های خارا
و باز ماهیان نرم و لطیف
عجب دنیایی
عجب دنیایی

Your Splendor

Your splendor,
Like the melody of rain,
Your trembling,
Like the mournful wails of a forsaken willow.
Your gaze,
Like the beauty of a seaside shore,
Your walk,
Like a swan's graceful glide through water and sky.
Your voice,
Like a nightingale in spring,
The beauty of a rainbow.
Your tenderness,
Like the gentle touch of stream's fish,
Your tears,
With each drop, a world with its galaxies.
Your fury,
Like a stormy sea, like my entire world.
Your heart,
Like all the poppies in the world.
Your madness,
Like the heartbeat of every passing day.
Your dreams,
Like stone and soft fish,
Like the softness of stream grasses, and unyielding rocks,
And again, the tender, delicate fish.
What a world,
What a world.

۷- عزیزم

تا کی غم آن خورم که دارم یا نه
وین عمر بخوشد لی گذارم یا نه
پر کن قدح باده که معلوم نیست
این دم که فرو برم برآرم یا نه
سهم من در جواب این شعر زیبا:

عزیزم
زندگی شیرین است
اگر خواستی که شیرین تر کنی
من را خبر کن
همه چیز در زندگیست
اگر خواستی زندگی کنی
من را خبر کن
تظاهر دگر دنیاست
اگر خواستی تظاهر نکنی
من را خبر کن
دنیا دنیای زیبایی‌هاست
اگر خواستی زیباتر کنی
من را خبر کن
شنیدی که می‌گن بخند تا دنیا به تو بخندد
اگر می‌خواهی بخندی و بخندانی
عزیزم فقط من را خبر کن

My Dear

Why should I worry if I have or not,
And let this fleeting life slip by, or not?
Fill the cup with wine, for who can say—
The breath I take, will I return it, or not?

And my share in answer to this lovely verse:
My dear,
Life is sweet,
And if you wish to make it sweeter,
Let me know.
All that you need is in life itself,
And if you choose to truly live,
Let me know.
Pretense belongs to another world,
And if you wish to shed it,
Let me know.
This world is full of beauty,
And if you wish to make it more beautiful,
Let me know.
You've heard it said: "Laugh, and the world laughs with you."
If you wish to laugh and make others laugh,
My dear, just let me know.

۸- خواب طلایی

گذر کردم از آن خوابِ طلایی

گذر کردم از آن خوابِ غم افزای کشیده

دگر هشیار نیستم

دگر در خواب نیستم

از آن هشیاری و مستی و عشق

بجز لبخندی و غباری

یا مهای بر سر قله

سکوت را می‌شکند شاهین

حباب را می‌زند بادی

چه آسان می‌گذرد شادی

چه آسان می‌گذرد سالی

چه آهسته می‌گذرد خاموشی

یکی شب را به سالی دیگری هیچ

من در آن هشیاری و مستی

من آن هوشیار و عاشق

من را چه عادت به این خاموشی؟

یکی بیدار و هوشیار مست در عشق

دگر در خواب غرق رفته

من دگر در خواب غرق نیستم

من دگر در خواب هستی عشق می‌ورزم

Golden Dream

I passed through that golden dream,
I passed through the sorrowful dream stretched long.
No longer am I awake,
No longer am I asleep.
From that wakefulness, that drunken love,
All that remains is a smile, and dust,
Or clouds atop a peak.
A hawk breaks the silence,
The wind bursts a bubble—
How easily joy passes by,
How swiftly a year slips away,
How quietly silence lingers on.
One night becomes a year, for another, nothing at all.
In that wakefulness and passion,
I was the one awake and in love.
What use do I have for this silence?
One, awake and drunk on love,
Another, drowned in the depths of sleep—
But I am no longer lost in slumber,
Now, I dream and love in the realm of being.

۹- فرمان

و خدا زن را آفرید

بر فرشته‌ی مرد را غضبی بود

راندنش از کاخ کار آسانی نبود

عنوانی از امتحان کردن نبود

مرد جواب می‌داد هر سوال ناغلط

خدا را غضب آمد این چنین

که کجاست مرد را نقطه ضعفِ او

من خدایم، آن چنان و این چنین

بعد از صد هزار میلیون سال

بودنِ مرد در زمین

آفرید حوا را از پهلوی راستِ او

نشانش داد مرد را به او

داد اوسار و افسارش به او

روز دوم خدا سیب را آفرید

روز سوم مار را تا کند کار را تمام

نرمی و افسونِ زن، حیله مار، گاز از سیب

این چنین شد سرگذشتِ زندگی

Abbas M. Fakhar

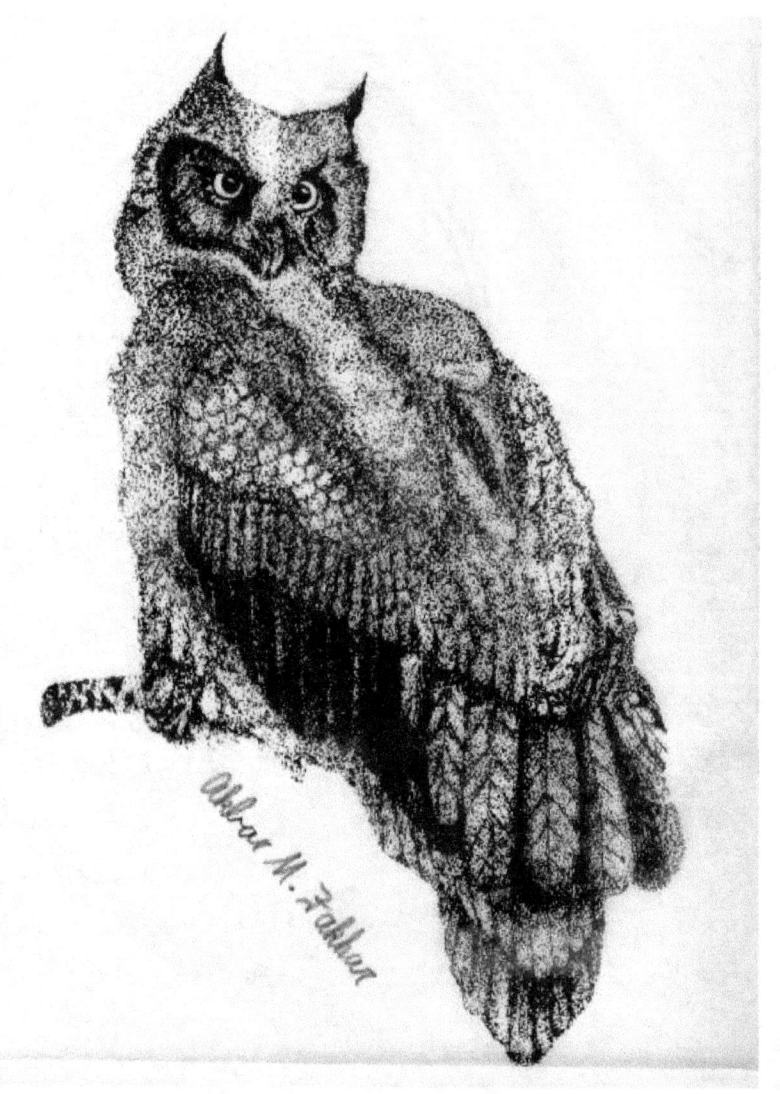

The Command

And God created woman,
To the angels, man's rage was clear—
Banishment from the palace was no simple feat,
There was no talk of testing him.
Man answered every question without fault,
Yet God's wrath arose, wondering thus:
"Where lies man's weakness?
I am God, so mighty, so supreme."

After a hundred million years
Of man's existence upon the earth,
He created Eve from his right side,
And showed her to him,
Giving her the reins to hold him.

On the second day, God made the apple,
On the third, the serpent to seal the fate.
The charm of woman,
The serpent's guile,
The soft bite from the apple—
And thus began the tale of life.

۱۰- تقاضا از خدا*

چند صفحه اون کتابت از آدمه؟
کارهایی که آدم می‌کنه
وال تو دریا رو ببین
فیل تو جنگل رو ببین
آدم نیم وجبی
اونا رو در قفس یا به زنجیر می‌کشه
به آسمون پرواز می‌کنه
بدون اینکه پر و بال داشته باشه
از این طرف به اون طرف دنیا
با همه حرف می‌زنه
با یک تکه سیم که به هیچ جا بسته نیست
ببینه هم شکل‌هاشو
بدون این‌که اون‌ها رو ببینه همه را به هم می‌اندازه
کاشکی میشد
اگر می‌شد
یک صفحه دیگه به اون کتابت اضافه می‌شد
که نکنن این کارها رو
آی خدا واسه خودت راحت‌تر می‌شد
یا لااقل کتابت نصفه می‌شد
بدون ترس از این گفتارها هر کس راحت‌تر می‌شد
زندگیش
ای خدا
آدم‌ها را تو یاد دادی
با یک تکه دینامیت
کار تو را آسون‌تر می‌کنن
صدها نفر را زیر پاهاشون له می‌کنن
حرص می‌زنن هر چی می‌دی بازم کمه
فقط
فقط شاید می‌خوان صفحه کتاب‌های تو را بیشتر کنن
جواب خدای خسته
بنده من کی می‌خواهی خفه بشی
اینقدر بهانه نگیر
کار خودت رو را بکن
به کار کسی کار نداشته باش

Akbar M. Fakhar

Akbar M. Fakhar

34

Ten Pleas to God

How many pages in your book are filled with tales of man?
The deeds that humans undertake—
See the whale in the ocean,
See the elephant in the forest,
Yet man, so small,
Chains them, cages them.
He soars to the sky,
Without wings to bear him.
From one end of the world to the other,
He speaks with all,
Through a wire, untethered,
Seeing shapes of a world he's never seen,
And binds them all together without a glance.

Oh, if only
One more page could be added to your book,
To prevent these deeds.
Oh God, it would ease your burden,
Or at least halve your book.
Without the fear of such words,
Lives would be less strained.

Oh God,
You've taught men
To use dynamite,
Making your task easier,

Crushing hundreds beneath their feet.
Greed consumes them,
What you give is never enough.
Perhaps they seek only
To add more pages to your book.

Response from a weary God:
My servant, when will you be silenced?
Stop with your excuses.
Attend to your own affairs,
And mind not the actions of others.

۱۱- آی ماهی‌ها

یک شعر برای بچه‌هایی که کم کم نوشتن را بامزه تر شروع کنند

بچه‌ها گوش کنید
بچه‌ها خوب گوش کنید
به علی گفت مادرش روزی
به کنار حوض نرو
که یک بار توی حوض نیوفتی روزی
علی گفت که مادرم ترسوست
که از چهار تا ماهی قرمز می‌ترسی؟
روزی علی خم خمک
رد شد از زیرزمین
از زیر پنجره‌ی مادرش و مادربزرگ
با چوبی به جان ماهی‌های حوض افتاد
ماهی‌ها می‌ترسیدند از علی
ماهی پدربزرگِ چاق و چله حوض خونه
افتاد به فکر تقاص گرفتن از علی
ماهی‌ها نه دست داشتند و نه پا
که بگیرند چوبکی یا بزنند لقدکی
پدربزرگ داد زد
ای ماهی‌های بی دست و پا
بدوید و بدوید تا نشوید خانه خراب و تار و مار
علی آمده با چوبکی و بی عقلکی
این جان شما و جان ما
گفت این را پدربزرگ به ماهی‌های بازیگوش
بدوید و بگیرید طناب رخت‌های مادربزرگ
که آویزان شده روی حوض
ماهی‌ها شروع کردند به پریدن به هوا
با دهان‌هایشان قاپیدن طناب مادربزرگ
ببستند یک سرش بر سر چوب علی و
ببستند یک سر دیگر به شیر حوض آب
بکشیدند و بکشیدند و بکشیدند
تا علی بیفته توی حوض آب
اتل و متل و علی کوتوله
چه جوری علی افتاد تو حوضه؟
بچه ماهی‌ها خندیدند به علی خیس تو حوضه

O Fishies

A poem for children who start finding writing a bit more
fun.
Children, listen well,
Children, listen closely.

Once, Mother told Ali,
"Don't go near the pond,
Lest you fall in one day."
Ali said, "My mother's afraid—
How can she fear just four red fish?"

One day, Ali,
Slinking through the basement,
Slipped beneath his mother's and grandmother's window.
With a stick, he attacked the pond's fish.
The fish were terrified of Ali.

The old fat fish of the pond
Thought of taking revenge on Ali.
The fish had no hands or feet
To grab or strike back.
The old fish shouted,
"Fish without hands or feet,
Run and run, lest our home be ruined and tattered!"

Ali, with his stick and foolishness,

Declared, "This is for you and me!"
He told the playful fish,
"Run and catch the clothesline,
Hanging over the pond from Grandma."

The fish jumped and leaped,
Snatching at the clothesline with their mouths.
They tied one end to Ali's stick,
And the other to the water tap of the pond.
They pulled and pulled and pulled,
Until Ali fell into the water.

With a splash and a thud, Ali the dwarf
Fell into the pond.
The little fish laughed at Ali,
Soaked in the pond's embrace.

۱۲- گمان*

دیده بر هم می‌گذارم

یاری و صنم

دو چشمانش

دو چشمانش خیالی و غزالی

روزها ماه‌ها سال‌ها

یاد او برده دلم

بینمش در رویاهای خالیِ دلم

کمان ابرو

کمان قوس کمر

کمان من

کمان غنچه لب

فقط لبخند او دیدم

لبخند او برده دلم

در میان آسمان

رنگین کمان

در میان باغ‌ها

قد سرو او

بارها نشسته در کنار من

گاه برده دل و

گاه بشکسته دل ز من

روی من سیاه اگر بشکند بار دیگری

اما گفته‌ام این حرف صد بار دیگری

تا به حال گوش داده‌ای به بلبلی

با آن همه راز و نیاز

با آن همه نوایی و همدلی

چند دقیقه جواب داده عشق او را؟

ایران من
ایران من
برای هر قطره خون
یک وجب خاک
با قدرت فردوسی‌ها و
سعدی‌ها
و احساسات پروین‌ها
فروغ‌ها
ایران من......
برای هر قطره خون
یک وجب خاک

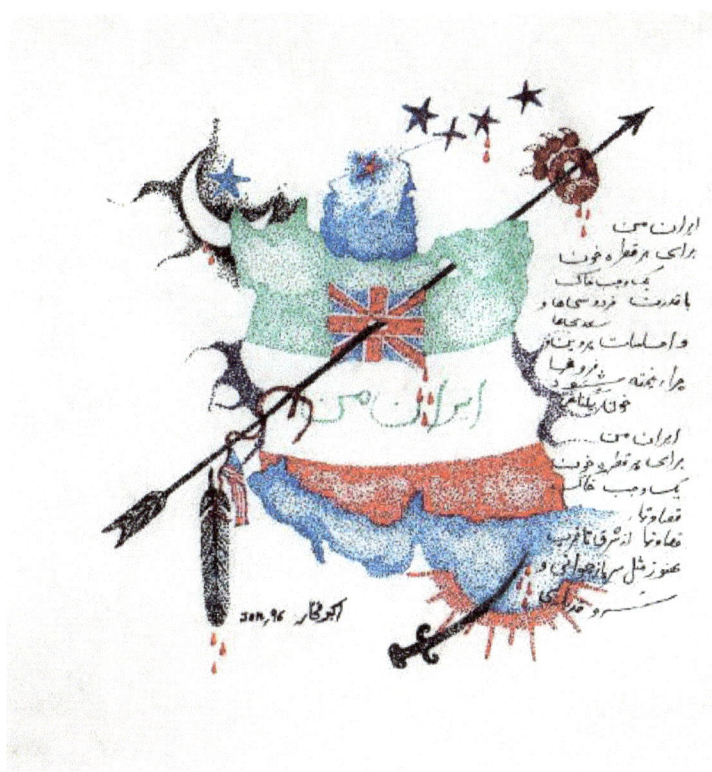

Two Assumptions

I close my eyes,
For my beloved and my idol,
Two eyes of his,
Imaginary and fawn-like.

Days, months, years
His memory lingers in my heart,
A mark upon my soul, seen only in dreams.
The arch of his eyebrows,
The curve of his waist,
My own bow,
The curve of his lips—
Only his smile I have seen,
And it has taken my heart.

In the sky's embrace,
The rainbow's hues,
In the gardens,
His stature like a cypress tree.
Often he has sat beside me,
Sometimes taking my heart away,
And at other times, breaking it.

If my face turns dark again
When it breaks once more,
I've said this a hundred times before,

Yet, have you ever listened to the nightingale?
With all its secrets and pleas,
With all its melodies and empathy,
How many minutes has it answered his love?

۱۳- صبر و انتظار

دیدم صورت آرام گرفته‌اش در خواب
صدای آرام نفس‌ها و رقص اندام او
فرو بردم گل یاسی در کنار صورت و موهای او
نفسی حبس کرده در سینه و افکار او
از خجالت نفسش افتاده به شمار و گونه‌های آتشین
چشم‌ها بسته در حریم طنازی و روی عاشقی
شرم بودن و ناز آوردن با خجالت
نفسی حبس شده و پنهان شده را به آسانی رها
انتظاری که به صبر و ؟ طنازی او
انتظاریست از بیداری و شعله‌ای از هرم افسونگری‌اش
تنی لرزان و چشمانی از آتشی برپا کرده
نفس داغو و شور دنیایی از آن بلهوسی به یاد کرده
می‌شنیدم صدای قلب او از فرسنگ‌ها دور
هنوز در خواب شیطنت و عشوه‌گری او
چشم‌ها باز کرده از وسوسه ویرانگریِ رویِ او
نفس برده از یاد و روشنگری او
بودن خواب از شیطنت و بیدار شدن
رقص او از دل ربودن و حیرانی طنازی او
داده دست به دستانِ او
برده یاد از طنازی و عشوه‌گریِ او
فریادها که نکشیده از این حالِ مریض
مریضی در دام وسوسه رویاییِ او
سوزانده شدنش نیز همان عشوه‌ی او

Patience and Waiting

I saw her tranquil face as she slept,
The gentle sound of her breath and the dance of her form.
I inhaled the lilac's scent by her face and hair,
Holding my breath and my thoughts,
Embarrassed by her breath, counting her fiery cheeks.

Eyes closed in the realm of her playful charm,
Shyness and allure mingled in modesty.
A breath, held and hidden, is easily released.
A waiting that aligns with patience and her teasing,
A waiting born of wakefulness and the heat of her enchant-
ment.

A trembling body and eyes set ablaze,
Breath hot and a worldly fervor of passion remembered.
I heard her heartbeat from miles away,
Still lost in her mischievousness and flirtation.
Eyes opened to the ravaging whisper of her dream,
Breath taken by her awareness and clarity.

Dreaming of her mischief and waking,
Her dance snatched my heart and left me in awe.
In her hands,
The charm she wove took me back to her playfulness.
The cries she never uttered in this state,
The illness in the snare of her dream's allure,
Her burning was but the essence of her flirtation.

۱۴- کتاب*

گر خدا بودم به روزی

کنم باز آن افسانه کتاب

هست یا نیست

بگشایم راز خلقت

گویمت آن دیوانگی

شیر بیشه خیره به سر

شاه شاهان و پادشاه جنگل‌ها

حتی آن سردار فیل کوه جنگلی

نباشد پیشش جز طعمه‌ای

باز می‌ترسد از هجوم چهار کفتار پیر

نهنگ دریا را ببین و آن کوه جنگلی

آدمی در بند کشیده آن دو طوفان را

او هست یا نیست یا نیست؟

موری که نیست به وزن گندمی

بر می‌دارد دو ده وزن خود

بادی که به پا خیزد و ما نبینیم

از جا کند جنگلی

چرا؟

چرا بازی می‌کند با افکارم؟

از سویی

گرفتن گربه را سگ آرزوست

نفس پرنده از دست گربه در تاب و پوست

سویی دیگر

سفره هر سه آن‌هاست ظرف آبی

جهل من از نشناختن اوست؟

هست یا نیست؟

اگر نیست

اگر نیست ما چه هستیم؟

Fourteen Books

If I were God for a day,
I would reopen that ancient book,
Whether it exists or not,
Unveiling the mystery of creation.
I would tell you of that madness—
The lion of the jungle staring ahead,
King of kings and ruler of the woods.
Even that great commander of the mountain elephant,
Finds nothing but flavors in his presence,
Yet fears the onslaught of four old hyenas.

See the whale of the sea and that mountain forest,
Man, bound by the two storms,
Is he or isn't he?
An ant that isn't of the weight of wheat
Carries two-tenths of its own weight,
A wind that rises unseen
Displaces the forest—why?
Why does it toy with my thoughts?

On one side,
The dog longs to catch the cat,
The bird's breath trembling from the cat's claws.
On the other side,
Their table is a bowl of water,
Is my ignorance due to not knowing him?

Does he exist or not?
If not,
If not, what are we?

۱۵- طغیان زمان

در دیدنی‌ها دیدمش

باز دلم یاد سفر کرده

کرده یادِ یار و یادِ دیار

مژه بر هم گذاشته دیدمش

می‌بینمش و می‌بویمش

ندیده می‌گیرد و نمی‌شناسد مرا

منم نشناخته و نشناخته

زمانی بر سر کوهی عقابی

زمانی در کف رودخانه ماهی

چه کج کرده زمانه راه او را

که در نشناختنش همراه او را

زمانه خنده‌هایش پس گرفته

داده پشت قوز کرده

آینه زمانه بشکست و صد خط در صورت

آن همه سال نبود دقیقه او را

The Revolt of Time 2

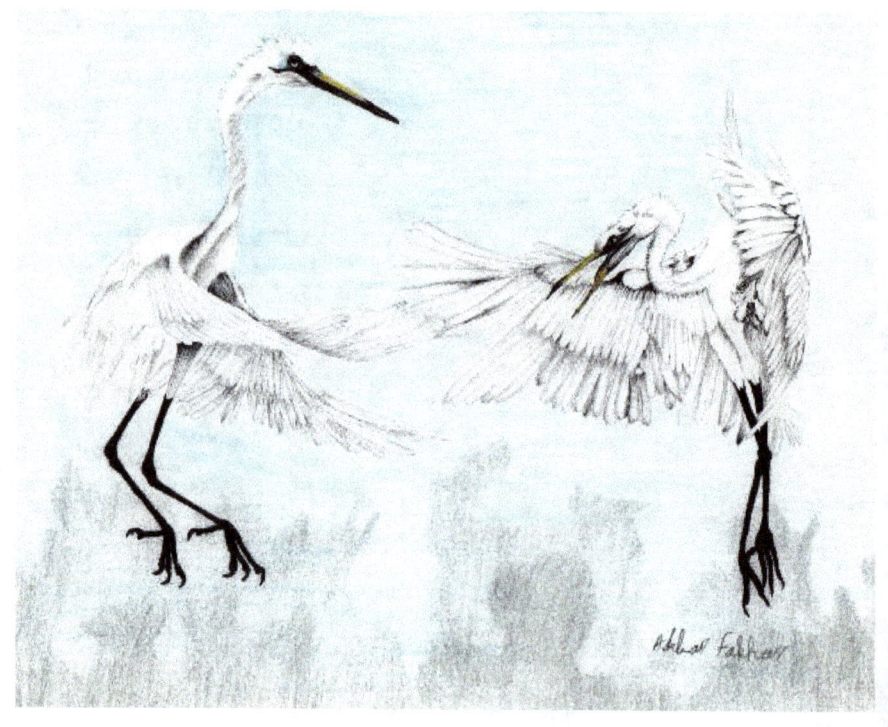

The Uprising of Time

In what I could see, I glimpsed her,
And once again, my heart recalls the journey—
Whether it was the presence of a beloved or a homeland.
With eyes closed, I saw her,
I see and scent her,
Yet unseen, she does not recognize me.
I, unknown and unrecognized.

At times, an eagle perched on a mountain peak,
At times, a fish in the river's grasp.
How has time twisted her path,
That she cannot be recognized, nor her companion.
Time has withdrawn her laughter,
Leaving behind a stooped shadow.
The mirror of time shattered, with a hundred lines on her face,
All those years, not a single minute of her.

۱۶- عشق من

با پریشان شدنِ مویت

جهان دگری می‌بینم

با بوسه بر گردن تو

قوس دگری در کمرت می‌بینم

شانه‌هایت حسادت می‌کنند بر سینه‌ها

با بلند کردنشان می‌شوند محو تماشا

بازی زمانه به صد ساله رسید

وای که این عشوه هیچ وقت به آخر نرسید

من همان یاغی در گردن تو

بوسه‌ها دزدیده و سر به فلک می‌بینمت

من را یادی نیست در آن بلهوسی

چهره در سینه تو می‌بینمت

نبینم چهره افروخته ای

که در نیمه رخ تمنا می‌بینمت

Akbar M. Fakhar

My Love

Your disheveled hair has become my world,
I see another realm,
With a kiss upon your neck,
I glimpse another curve in your waist.

Your shoulders envy your chest,
Raising them, they become absorbed in admiration.
Time's play has stretched to a hundred years,
Alas, this coquetry never seems to end.

I am that rebel upon your neck,
Stealing kisses and seeing you reach for the sky.
I have no memory of that wild allure,
Yet I see your face upon your chest.

I cannot see the glowing visage,
That I behold in the half-face of desire.

۱۷- ایران من

برای هر قطره‌ی خون
یک وجب خاک
با قدرت فردوسی‌ها و سعدی‌ها
و احساسات پروین‌ها و فروغ‌ها
چرا ریخته شود خونِ بی‌گناهی؟
ایران من
برای هر قطره‌ی خون
یک وجب خاک
قصاوت‌ها
قصاوت‌ها از شرق تا غرب
هنوز مثل سرباز جوانی و سرو قد بلندی
ما همان شیر ژیان را می‌ستاییم
غرشش را می‌ستاییم و می‌شناسیم
از عقاب زُم تا به هندوستانِ کهن
ما نه‌ایم آن ره گم کرده رود
ما نه‌ایم آن مردابِ کور
نبرد ما را هر بادی
نترسیم از خمی و زخم شمشیری
ما همه داریم به دست
آن درفش کاویانی را
هستیم آن بزرگ پدر پندار نیک گفتار نیک کردار نیک
ما همان کوروش سرباز و
همان کاوه و
آن نادر پوستین به دوش
ما همان ستار و آن بابک آغشته به خون
و اما موزه‌ی ما
موزه ماست همان فردوسی و کتابش
گرز و بازوی رستم و سهرابش
موزه‌ی ما همان سعدی و بوستانش
امیر رگ زده و خیام و صفایش
موزه‌ی من همان احمدآباد و درخت‌هایش
نوای مهر پدری و مادری و عمو و دایی

ایران من
برای هر قطره‌ی خون یک وجب خاک
زمین من
زمان من
چه‌ها کرده دیار من
نمی‌برمش از یاد دیارم را
نمی‌گذارمش بر خاک من دیارم را
پدر با زمانه دست در دست
بدادند پند گوهرشناسی
ایران من
برای هر قطره‌ی خون
یک وجب خاک

ایران من
برای هر قطره خون
یک وجب خاک
ایران من
ایران من
برای هر قطره خون
یک وجب خاک

My Iran

For every drop of blood,
A span of soil,
With the might of Ferdowsi and Saadi,
And the sentiments of Parvin and Forough.

Why should innocent blood be spilled?
My Iran,
For every drop of blood,
A span of soil.

From the East to the West,
The harshness remains,
Yet like a young soldier with a tall, proud stature,
We still praise the roaring lion of our land,
We recognize and honor its might.

From ancient Hindustan to the eagle of Rome,
We are the lost river on that path,
We are the blind man of the old tales.
No wind dares to break our battle,
We fear neither the bend nor the cut of the sword.

We all hold in our hands
The Kaviani banner,
We are the great ancestors of good thought, good speech,
and good deeds.

We are Cyrus the soldier,
And Kaveh,
And Nader with his fur cloak,

We are the stars and the blood-soaked Babak.
Our museum is the same Ferdowsi and his book,
The club and the arm of Rostam and Sohrab,
Our museum is Saadi and his garden,
The bleeding Amir and the clarity of Khayyam.
Our museum is Ahmadabad and its trees,
The echoes of fatherly, motherly, uncle's, and aunt's love.

My Iran,
For every drop of blood, a span of soil.
My land,
My time,
What has my homeland done?
I will not forget my homeland,
I will not leave it to be forgotten.

Father, hand in hand with time,
Gave the counsel of gemology.
My Iran,
For every drop of blood,
A span of soil.

۱۸- شب

دلم باز می‌خواهد آن شب
آن شب کوتاه و سپید زمستانی
شبی که برف می‌بارید
شبی که آشنا گردید این دو چشمانم با دو چشمانش
پریشان مو و پریشان چهره و خاموش
نگاهش آسمانی دشت و صحرایی و
صد هزار از صفحه کتابی
آتشی افروخته بر صورت من
که نتوان دید آن سرخی
در لاله‌های کوه‌ها و دشت‌هایی
نگاهش می‌کنم در روز
آهوییست در حال رمیدن
نگاهش می‌کنم در شب
گرفتار کبوتری و بال بسته
نه اشکی و نه آهی
می‌خوانم ز صورتش زبونی و ستی
می‌فشارم بازوانش
به بالا می‌کشید شانه
مثال مرغکی زمین خورده
مثال آهویی در بند
نمی‌دانستم نخواهم دید لاله‌زاری
بگذشتم از او و دو چشمانش
تا نبینم در بند آهو را
صدای زوزه‌ی باد
شبی که برف می‌بارید
شبی که بگذشتم از ناگذشتنی‌ها
عوض کردم لاله‌های سرخ را
با لاله‌های زرد کهربایی
تا به یادم باشد آن شب کوتاه و سپید زمستانی

Night

My heart longs once more for that night,
That short, white winter night,
When snow was falling,
The night my eyes met hers.

With tangled hair and a disheveled face,
Her gaze was like the sky over fields and deserts,
A fire kindled upon my face
That could not be seen in the redness
Of the mountain peaks and valleys.

I watch her gaze by day,
A deer fleeing in panic,
And by night,
A captive dove with bound wings.
No tear or sigh.

I read from her face both tenderness and defiance,
I clasp her arms,
Pulling up her shoulders
Like a fallen bird,
Like a deer in chains.

I didn't know I would never see the red of her eyes again,
I passed her and her gaze,
Until I saw not the trapped deer.

The howl of the wind
On a night when snow fell,
A night when I passed the impossible.
I replaced the red of her eyes
With the amber-yellow of memory,
To remind me of that short, white winter night.

۱۹- کوزه‌ی سنگی

یار من
به یاد تو و کوزه‌ی سنگی بر دوش من
دنیای من
دنیای من
ای دنیای من
کوزه پر باده
او کجا و هوای نامستی‌اش
کوزه گر باده خورد
پس کی مستیِ او؟
من کجا و
تو کجا و
اون کجا؟
مستی کوزه گر نمایان بشود
باز
من کجا و
تو کجا و
او کجا و
پس رقص و پایکوبی کوزه به کجا؟
مست باشی
مست باشی که ببینی مستی‌اش
ریختن جامِ شراب و رقص کوزه‌اش
مستانه به روی پا و کوزه‌ای بر دوش
من مستم و تو مستی
دیدن مستی کوزه و
دیدن کوزه به دوش
من کجا و
تو کجا و
اون کجا
اشک خالی
کوزه خالی
سر بر قهری زانوی یار
آرزوی آن کوزه شیاد

من کجا و تو کجا و آن کوزه خالی به کجا
سهم کوزه از لب‌هایی به کوزه
مستی من
مستی تو
ترس کوزه
چهره من
چهره تو
ترس کوزه
ترس کوزه از می‌های ریخته
من کجا و
تو کجا و
اون کجا
کوزه خاموش و تو حیران و من سر به گریبان
من مست و تو مست و آن کوزه دیوانه
کوزه با یاد شکستنش با جامی
ریختن اشکی از نامستی‌اش
من و تو مست و سیاه
من و تو مست و سیاه
او هنوز در خواب و خیال
من کجا و
تو کجا و
اون کجا
کوزه شکسته را یکی راه آید به کار
شراب ریخته و ریخته شراب
من کجا و
تو کجا و
آن ریخته شراب
شراب ریخته
کوزه خم کرده سر به زیر از خجالت
من کجا و
تو کجا و
اون کجا

کی گیرم این راز مستی از راستی تو

تو همان سنگ صبور و جام می

و من

من همان خراب می و جام می

من کجا و

تو کجا و

اون کجا

و جام می

Akbar M. Fakhar

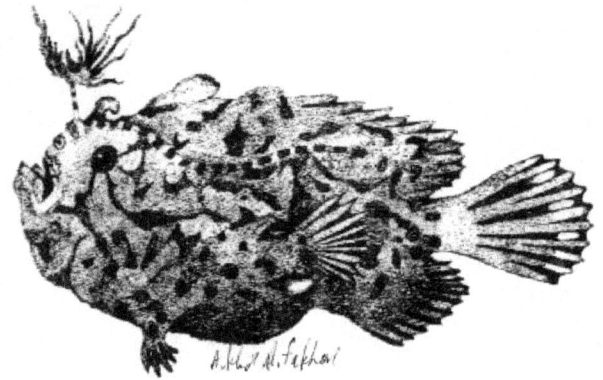

The Stone Jug

My dear,
In memory of you and the stone jug upon my shoulder,
My world,
My world,
Oh, my world.

The jug is full of wine,
Where is it, and where is its intoxicated air?
If the potter drinks the wine,
Will he be drunk? And when?
Where am I,
And where are you,
And where is it?

The potter's drunkenness is revealed,
Yet again,
Where am I,
And where are you,
And where is it?
And where does the dance and revelry of the jug go?

Be drunk,
Be drunk to see its drunkenness,
The cup of wine and the dance of the jugs spilled,
Merry upon the feet and jugs on the shoulder.
I am drunk, and you are drunk,

Seeing the drunken jug,
And the jug on the shoulder.

Where am I,
And where are you,
And where is it?
Empty tears,
Empty jug,
Head bowed in the anger of a lover.
The wish for that deceptive jug,
Where am I, and where are you, and where is the empty jug?

The jug's share from lips to the jug,
My drunkenness,
Your drunkenness,
The fear of the jug,
My face,
Your face,
The fear of the jug,
The fear of the jug from the spilled wine.

Where am I,
And where are you,
And where is it?
The silent jug and your astonishment, and my head bowed in
despair.
I am drunk, and you are drunk, and that mad jug,
The jug remembering its breaking with a cup,
Spilling tears from its intoxication.

You and I are drunk and black,
You and I are drunk and black,

And it is still in sleep and imagination.
Where am I,
And where are you,
And where is it?

The broken jug finds a use,
Wine spilled and wine spilled,
Where am I,
And where are you,
And that spilled wine?
Spilled wine,
The jug bowed in shame.

Where am I,
And where are you,
And where is it?
When will I grasp this secret of drunkenness from your truth?
You are the stone of patience and the cup of wine,
And I,
I am the ruin and the cup of wine.

Where am I,
And where are you,
And where is it?
And the cup of wine.

۲۰- بهار زندگی

گفتمش ای بهار زندگی از قلب به من نزدیک‌تر

باز کردی دکمه‌ها قلب ویران‌گر تو

شرمساری و چشم دوختی به آسمانِ خالی

این جوابی نیست به ویران‌گريِ تو؟

آرزوی پنهان شده‌ی من

گفتند از لبان مست و کنجکاويِ تو

دیر یا زود از پشت پلک‌ها آشکارا می‌شوند

دیدی که ویران‌گريِ تو به فریاد در آورد؟

صدها ناقوس را به آواز در آورد؟

چشمه شهد لبانت چگونه به آواز درآمد؟

بدن لرزان تو چگونه به لرزان درآمد؟

جهان من و زبان من دگر جایی برای گفتن ندارند

سرخيِ روی تو، قلب ویران‌گر تو، لبان مست تو

باز پس گرفته‌اند دنیای من و دنیای تو

یاری از این قصه حیران شده

رنگ سرخی از این عشق پنهان شده

این دلِ گم‌گشته و حیران من

برگشته به بازوی افسار کشیده

دوست دارم که بگویم یار من

دوست دارم که بگویم همراه من

من در این قصه دنیاها

تو همان پری دریاها

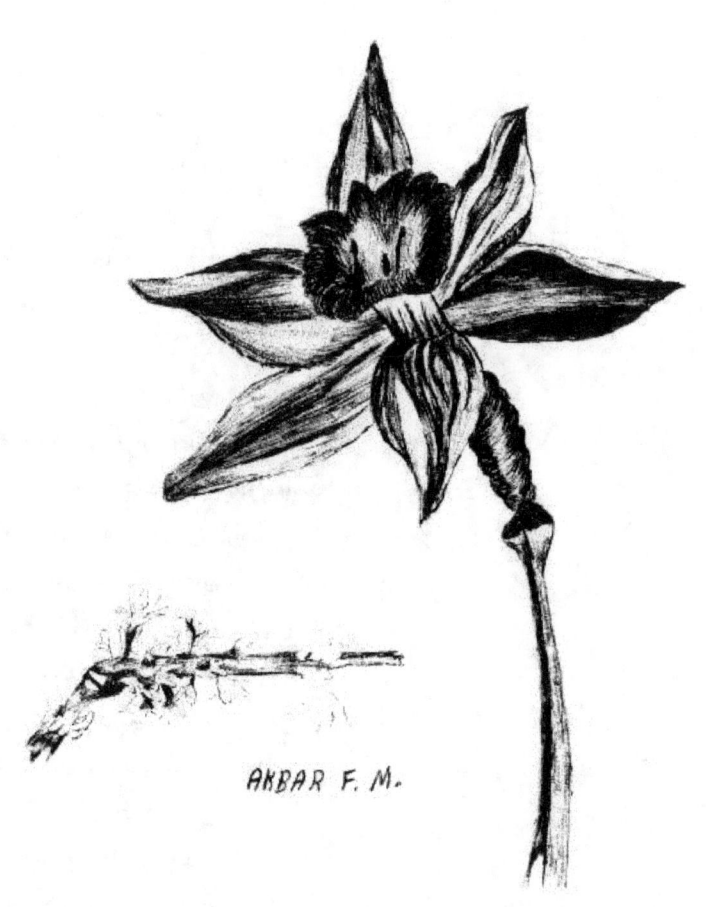

AKBAR F. M.

Spring of Life

I said to her, "O Spring of life, closer to my heart than ever,"
You unfastened the buttons of your heart, the heart that destroys,
Empty and hollow.

With shame, you gazed up at the sky,
O destroyer, this is no answer
To my hidden longing.

They said from the lips of the curious and the drunk,
Soon or later, it will be revealed behind the eyelids.
Did you see how your destroyer cried out?
How it summoned hundreds of bells in song?

How did the fountain of your nectar lips become a melody?
How did your trembling body come to shake?
My world and my words have no place left to speak.
The redness of your face, your heart that destroys, your drunken lips—

Have reclaimed my world and yours,
A tale that leaves us bewildered.
The color of this hidden love has faded,
Lost and confused, my heart has returned
To the reins of its own lead.

I wish to say, "My beloved,"
I wish to say, "My companion."
In this story of worlds,
You are the mermaid of the seas.

۲۱-قصه‌های خاموش

شهرها خاموش و کوچه‌ها بسته

خانه‌ی یار تاریک و چشم‌های خسته

رودهای ایستاده و ناقوس‌های شکسته

آسمان خالی از هر پرنده و ستاره‌ای

شاید، شاید خشک شده‌اند در لابه‌لای درختان

نفس‌ها حبس شده در سینه‌ها

و چشم‌ها دوخته شده به آسمان

و باز نفس‌ها حبس شده و کوچه‌ها خاموش و

دل‌های گرفته

رنگین کمان بی‌رنگ مثال ارواح روز جمعه

زانو زده و سر به زانوی خیال

شهرها خاموش، کوچه‌ها بسته

یاری سر به بیابان گذاشته

خاطرات از یاد رفته و سر به گریبان گرفته

چشم‌هایی به نم گرفته از رویاهای به غم فرو رفته

از صداهای در گلو به یخ نشسته

کودکی حیران و خاموش

آهی بی صدا و از نفس افتاده

سر به زیر و سوال‌های بی جواب

و باز همان سوال‌های بی جواب

من ندانم و تو ندانی و او نداند

رفتم و رفتی و رفت

عاقبت همان سوال‌های بی‌جواب و قصه‌های

خاموش ولی

آرزوهایم فقط در دیدن لبخندهاست

چه کنم تا آرزوهایم برآورده شود

دوست دارم که بگویم دلت شاد

دوست دارم که بگویم لبت خندان باد

AKBAR M. FAKHAR

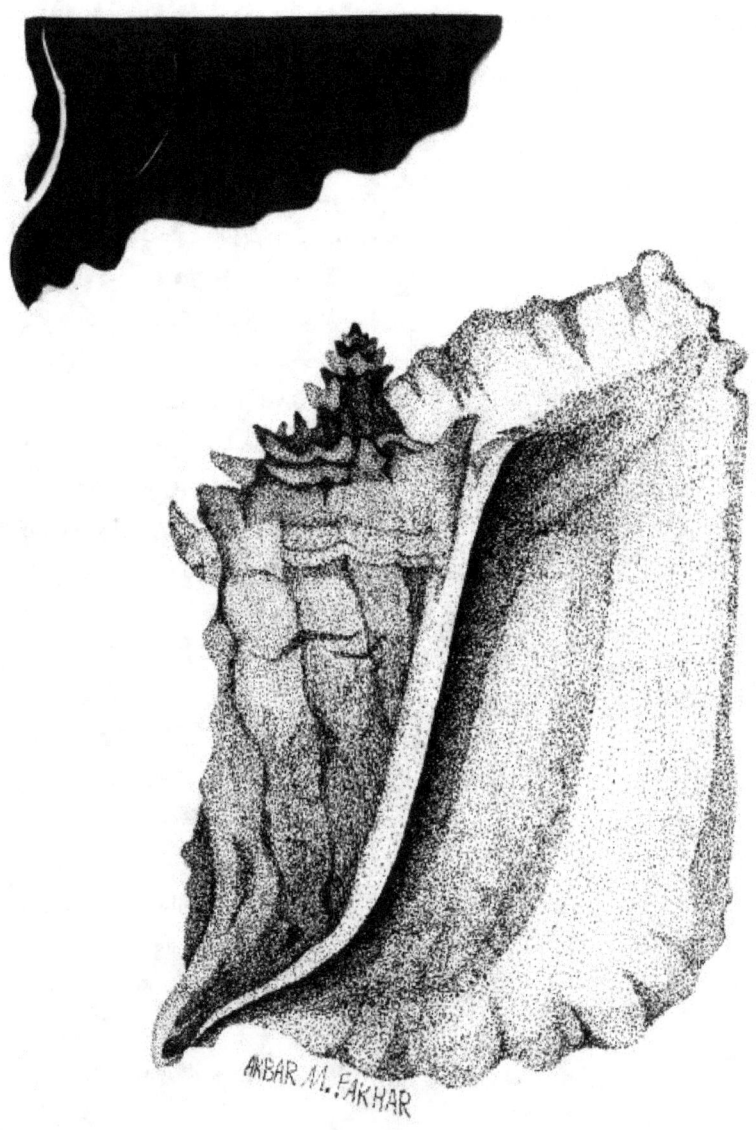

Silent Tales

The cities are silent, and the streets are closed,
The beloved's home is dark, and her eyes are weary.
Rivers have frozen, and bells are broken,
The sky empty of birds and stars.

Perhaps, perhaps the trees have dried up in the cold,
Breaths are trapped within chests,
And eyes are fixed upon the sky.
Once more, breaths are held, streets are silent, and hearts are
heavy.

A rainbow faded, like spirits on a Friday,
Kneeling with head bowed to the knee of imagination.
Cities are silent, streets are closed,
The beloved has turned to the desert.

Forgotten memories, heads bowed in despair,
Eyes dampened by dreams sunk in sorrow,
Voices frozen in the throat.
A child, bewildered and silent,

A sigh without sound, breathless,
Head bowed, with unanswered questions,
And again, the same unanswered questions.
I do not know, nor do you, nor does he.

We went, and you went, and it went.
In the end, the same unanswered questions and silent tales.
Yet, my desires lie only in seeing smiles.

What can I do to fulfill my wishes?
I wish I could say, "May your heart be joyful,"
I wish I could say, "May your lips be smiling."

۲۲- یار من

جسارت طبل از صدای اوست
نه از تو خالی بودن اوست
وقت غروب و با طلوع خورشید
نه از لرز بی‌خوابی اوست
گرز رستم و بازوی پهلوانیش
نه از بیدادگری اوست
خورشید مغرور و ویران‌گر
نه از سوزان شدن اوست
رود پر تلاطم اروند خروشان
نه از ویران‌گری اوست
ماهرخ افسونگر سر به بیابان گذاشته
نه از افسونگری اوست
دیدن هلال ماه در کنار ابری
نه از خجالت کشیدن اوست
غرش شیر سیه یال
نه از ترسیدن اوست
خوردن جام شرابی و مستی او
نیست از نرسیدن به خواسته اوست
ابر مغشوش و باد ویران‌گر او
نه از بیدادگری و بی‌حوصلگی اوست
صبح آرام و روز فردا
نه از فرار و گذشتن از گذشته اوست
سر فرود آوردن بر سینه‌ی یار
نه از خجالت سر به گریبانی اوست
رفتن به باغی و تکیه بر درخت بید مجنون
نه از ناآرامی و حیران‌گری اوست
لمیدن در کنار چشمه‌ی آرام
نه از بیدادگری ماهی‌های کوچک اوست
نشان دوستی و عاشقی به یار
نه به سال و نه به ماه و نه به دیوانگی اوست
تحفه درویش همان دیدن یار
باز نه به سال و نه به ماه و نه دیوانگی اوست

My Beloved

The boldness of the drum comes from his voice,
Not from his emptiness.
At sunset and with the sunrise,
Not from his restless shivering.

The mace of Rustam and his heroic arm,
Not from his tyranny.
The proud and destructive sun,
Not from his scorching rays.

The turbulent Arvand River's roar,
Not from his devastation.
Mahrokh the enchantress has vanished into the desert,
Not from her enchantments.

Seeing the crescent moon beside a cloud,
Not from his shyness.
The roar of the black-maned lion,
Not from his fear.

Drinking a goblet of wine and his intoxication,
Not from his unfulfilled desires.
The confused clouds and the destructive wind,
Not from his tyranny or impatience.

The calm morning and the next day,
Not from escaping or leaving the past.
Bowing my head on the beloved's chest,
Not from his shyness or hiding.

Walking to a garden and resting by a weeping willow,
Not from his restlessness or bewilderment.
Reclining beside a tranquil spring,
Not from the tyranny of small fish.

The mark of friendship and love to my beloved,
Not measured by years, months, or madness.
The gift of the dervish is seeing the beloved,
Not measured by years, months, or madness.

۲۳- رویای سحر

روی سرخ و لب مشکوک او

چه به روز من ویران‌زده انداخت

این دل مجنون من

چه به گرفتاری و هیرانی و آوارگی او

روی سرخ و سر بر آسمان دوخته

این نیست از خجالت آسمان روی به زمین دوخته؟

صورت او گریه‌ای نیست از دل و دل‌دادگی

حواسش به صبح و به دیوانگی بیدار شدنش نیست؟

لرز سحر از صورت خواب‌آلود و سینه عریان او

سحر آهنگ رفتن داشت چه باکی از بیدار شدن او

روی گرفته از آسمان و سر به زیر انداخته

روشنی از روز افسار گریخته

زدم فریاد بر در یار

گفتمش حال من و از دیدن یار

نفسی حبس شده با صدایی بی جان

نه صدایی و نه جوابی از سرافکندگی او

مرغکی بر سر دیوار

چه فریادها نکشیده

کمی لبخند و به بالا بردن شانه

کمی باران بدون ابری و اشکی ریخته

سحرگاهی خیال طنازی او

نفس رفته کجا و لرزه‌ی اندام او

Dawn's Dream

The blush of her face and her questioning lips,
What devastation they cast upon my day,
This mad heart of mine,
Lost in her turmoil and wandering.

Her crimson cheeks, eyes fixed on the sky,
Is this not shyness from the heavens gazing downward?
Her face, not tears of heartache or devotion,
Does she not heed the morning and her awakening madness?

The tremor of dawn from her sleepy face and bare chest,
Dawn had a melody of departure, what fear of her awakening?
The sky turned away, her head bowed low,
The light of day slipped its reins.

I cried out at the beloved's door,
Spoke of my state and the sight of my love,
A breath caught, with a lifeless voice,
No sound or reply from her shyness.

A little bird on the wall,
What cries has it not made?
A slight smile, shoulders lifted,
A touch of rain without clouds, and tears shed.

In the morning, the dream of her playful allure,
Where has her breath gone and the tremor of her form?

۲۴- قلب‌های سوخته

رفتم ببرم از یاد این زمانه

برگشته به باغ صد سال گذشته

برداشته به پشتی افسار گریخته

نفس حبس کنم از خاطرات او و گذشته

مرغکی زیبا و طناز می‌نامیدمش

رفته رفته در دام عشقش می‌نالیدمش

دیدن صورتی با ابروی کمان

کمان ابرو کمان قوس کمر می‌نامیدمش

سال‌ها در حیاط خلوت دلم

نفس برده سبزه رو می‌نامیدمش

نشسته بر کنار چشمه رویاهای من

برده از یاد زمان و هوش بی‌خوابیِ من

سکه خورشید را تقدیمش کنم

یا که قلب نیمه سوخته‌ای در آغوشش کنم

سکه‌ها را بشمارم و دور انداخته

یا که قلب نیمه سوخته را خاموشش کنم

Akbar M. Fakhar

Burnt Hearts

I sought to erase the memory of this era,
Returned to a garden a century past,
Bearing the weight of reins slipping away,
Holding back breaths from memories of him and times gone by.

I called him a beautiful, charming bird,
Gradually, in the snare of his love, I lamented.
I beheld a face with arched brows,
The bow of his brows and the curve of his waist.

Years in the secluded courtyard of my heart,
I named the verdant green with stolen breaths.
Seated by the spring of my dreams,
My sleepless self lost in time and consciousness.

Shall I offer him a coin of the sun,
Or cradle a half-burnt heart in his embrace?
Shall I count the coins and cast them away,
Or extinguish the half-burnt heart?

۲۵- فاتح جنگ خیالات

برده دستم که بگیرم دست او
او رمیده به خیال خواسته‌های دیگری
چشم گریانش می‌کند درخواست‌ها
خواسته‌ها و تمناهای دیگری
باز کردم بازوانم دریدم پیراهنم
تا جوابی به تمنای دیگرش
نفسش را می‌شنیدم و اشک‌های چشم گریان او
فشردم بازوانش را به درخواست تمناهای او

Akbar M. Fakhar

Conqueror of Dreams

My hand is led to grasp his hand,
Yet he eludes in dreams of other desires.
His tearful eyes make their plea,
For other wishes and yearnings unfulfilled.

I opened my arms, tore my shirt,
Seeking an answer to his other longings.
I heard his breath and the tears from his weeping eyes,
I clasped his arms in response to his heartfelt pleas.

۲۶- وسوسه رویایی

بودن خواب از شیطنت بیدار شدن
رقص او از دل ربودن و حیرانی طنازی او
دادم دست به دستان او
برده از یاد طنازی و عشوه‌گری او
فریادها که نکشیده از این حال خراب
خرابی در دام آن وسوسه رویاهای او
برده از یاد نفس داغ او
سوزانده شدنش نیز همان غوغایی از عشوه او

Temptation of Dreams

To be lost in sleep, awakening to mischief,
His dance, a thief of hearts, and his playful wonder.
I placed my hand in his,
Only to be lost in the forgetfulness of his allure and charm.

The cries that never escaped from this wretched state,
Destruction caught in the snare of his dream's temptation.
Forgotten is the memory of his heated breath,
Even his burning, a tumult of his seductive uproar

۲۷- رویایی در خواب

زندگی می‌کردم در آن لذت‌های بی‌حساب. ولی...ولی با صدای مرغکی آوازه‌خوان با سوالی بی‌جواب شتافتم در بر بیداریم. باز کردم چشم‌ها از خواب طولانی‌ام.
جوابش شاید در همان چشمان بسته و در سحرگاه و خیال دیگری. چه زیبا بود بیداری و در خواب دیگری.
ترس از بیدار شدن و به فراموشی سپردن که مرا در آن لحظه صبح‌گاهی با صدای مرغکی آوازه‌خوان به فراموشی سپرده و سحرگاهی رویاییِ طولانی.
نمی‌دانستم که در خواب بودم در آن ساعت‌های رویایی و طولانی.

A Dream in Sleep

I lived amidst boundless pleasures, yet... yet, with the voice of a songbird and an unanswered question, I rushed into waking.

I opened my eyes from a long slumber. Perhaps the answer lay within those closed eyes, at dawn, in another dream.

How beautiful was the awakening, and another dream within sleep. The fear of waking and forgetting that moment of morning, with the songbird's call leading me to forgetfulness and the long dawn's dream.

I did not know I was dreaming in those ethereal, endless hours.

۲۸- نقدی دوستانه

عزیزم بگذر از این خواب و خیال که برگشتنی نیست
این دیوارها می‌ریزد و نمی‌ماند بر جای خود
دوباره ساخته می‌شوند با نسل‌های جدید و نمی‌ماند
بی خبر خاطره‌ای
همان‌طور که فروپاشیده و باز ساخته شده از هزاران
سال دیگری
بخند و بخندان که فرقی بر این ساعت‌ها ندارند
که با اخم‌ها و تلخی کردن بر زندگی باز فرقی بر این
دنیا ندارد
هر روز زندگی را می‌شود با خوشحالی و خندان گذشت
پس چرا اخم‌ها و تلخی‌ها را داخلش کنیم که باز فرقی
بر این دنیا ندارد
همیشه بخند و بخندان تا غصه را تنبیهش کنیم
به جای منفی بودن چرا مثبتش نکنیم مگر بر این دنیا
فرقی می‌کند؟
آمد و رفتن ما در این دنیا مگر فرقی در این دنیا
می‌کند؟
یا که هر اخم من و اخم تو از بیهودگی کاسته
می‌شود؟
این را به همه می‌گویم مخصوص من و تو نیست
چه فرقی از این بیهودگی‌ها که ما وقتی برای آن‌ها
نداریم
بخندیم و بخندانیم دور از هر اخمی و بیهودگی‌ها
اگر جام شرابی هم در دست داریم
فقط خنده‌هایش را تقسیم کنیم

Friendly Critique

My dear, let go of these dreams and illusions that can never return. These walls will crumble and not remain as they are; they will be rebuilt by new generations, leaving no trace of forgotten memories. Just as they have crumbled and been rebuilt through millennia.

Smile and make others smile, for these hours make no difference. Frowning and bitterness won't change this world; each day can be lived with joy and laughter. So why let frowns and bitterness seep in, when they make no difference?

Always smile and laugh to punish sorrow. Instead of dwelling on the negative, why not embrace the positive? Does it matter to this world?

Does our coming and going make any difference here? Or does each frown, yours and mine, merely diminish the futility? I say this to everyone, not just to you and me. What difference do these futilities make when we have no time for them?

Let's laugh and spread laughter, free from frowns and futility, even if we have a cup of wine in hand. Let's share only the smiles.

۲۹- عاشقانه

قوها را برداشته از روی لکه ابری
تقدیم روشنی‌ها به قوها و عاشقانِ دیگری

در کنار رودی آرام
درخت بید مجنونی سر به زیر انداخته
دو تا قویی به آرامی لمیده
با چشمانی پر تقاضا به آب‌هایی دوخته
آسمانی صاف و بدون لکه ابری
از باران‌های شسته و رُفته‌ی روز گذشته
یکی به آرامی می‌کشید پرهای دیگری
روبه‌رو می‌شد با عشوه قوی دیگری
در کنار دیگر سوی رود آرام گرفته
یکی سر به زانوی یاری آرمیده
همه به آرامی نفس‌ها حبس کرده در سینه‌ها
از ترس مبادای بشکستن دل دیگری
یکی بازیگری بود در بدن و گردن یار
آن دگر همراهی می‌کرد با خنده‌ها مثال قوها
در آغوشش گرفته تنگ و با فریاد
نفس برده از آغوش عاشق یار
سکوت شن‌های ساحل و رود
گوش می‌دادن به نوای آن دو عاشق
نفس‌ها حبس شده در سینه‌ها
به آرامی لمیده با انتظار و دلبری
قوها گاهی با صدایی بلند به نجوا کردن
دو تا دیگر بی‌صدا و آرام در دنیایی دیگر
گاهی با لبخندی عاشقانه تکان دست قوها
قوها با صدایی آرام و لرزان
لکه ابری کوچک در آسمان
چشم دوخته به حسودی و به رویای عاشقان
همگی از گذشتن روز به تاریکی
ترس از گذشتن وقت به آن کوتاهی
پرواز قوها از خاموش شدن روز
آن دو دیگر پیچیده به هم و فراموشی از شب
برخیزیدم و بدریدم صحنه تاریک شب
بکشیدم خورشید را از درون تاریکی

Romantic

Beside a placid river,
A willow weeps with its head bowed,
Two swans gently rest,
Their eyes fixed with longing on the flowing waters.

A sky so clear, unmarred by clouds,
From yesterday's rains, now washed away,
One swan tenderly preens the feathers of the other,
Facing its partner with a gentle grace.

On the opposite bank, calm has settled,
One rests its head on the shoulder of its mate,
All breaths held in tender silence,
Afraid to break the heart of the other.

One plays its part in the embrace and neck of the beloved,
The other responds with laughter, like the swans,
Held close with a cry of love,
Breath stolen from the beloved's arms.

The silence of the shore and river
Listens to the song of these two lovers,
Breaths held in their chests,
Reclining gently in anticipation and devotion.

The swans sometimes whisper loudly,
While the others remain quiet and serene in another world,
Occasionally, a loving smile, a swan's gentle wave,
The swans with soft and trembling voices.

A tiny cloud in the sky,
Gazing with envy at the dreams of lovers,
All are aware of the day's passing into darkness,
Afraid of the fleeting nature of time.

The swans' flight marks the end of the day,
And the two entwine, lost in the night's embrace,
I rose and tore through the darkened scene,
Drawing the sun from within the darkness,

Lifting the swans from the cloud's shadow,

To the Swans and Other Lovers, I Dedicate the Light.

۳۰- بهار و ماه‌های گم شده

چرا باران ببارد تا صورتم نمناک شود

صورت من یادی از نمناکی اشکی بی حساب

پس چرا عاشق نباشم تا فرار از کوچه‌های روزگار

صورتم نمناک با قطره‌ای باران

تا انتظاری از چشمان نباشد

امسال بوی پاییزی می‌آید به مشام

خبری هیچ از تابستان و هرم گرمایش

مثل اینکه تابستان بی‌خبر آمد و رفت

بهار نیز فراری بود و گریخت از لای انگشتان دستم

نشان نفسانم آرام آرام که آیا بیدارم؟

یا که مجبورم می‌کند تا که به فکر فردایم

این چه سالیست گذشته یا در فردایم؟

از پنجره چشمم به برگ درختانی افتاد

که آن‌ها هم در حال فکری و بی‌جواب

که آیا دیروز است یا که فردا؟

چشم‌هایم باز می‌شوند ولی در خواب نیستم

شبی یا صبحی یا که روزی بی‌خبر

مداد را پرت می‌کنم از پنجره بیرون

پس چرا عاشق نباشم حتی در این خواب و خیال

Spring and Lost Months

Why should the rain fall to dampen my face?
My face recalls the wetness of uncounted tears.
So why should I not be in love, fleeing the alleyways of time?
My face, wet with raindrops,
Until no expectation lingers in my eyes.

This year, the scent of autumn drifts to me,
With no news of summer and its scorching heat.
It seems summer came and went, unaware.
Spring too was a fugitive, escaping from my fingers.

Does my breath softly reveal if I am awake?
Or does it compel me to ponder my tomorrow?
What year has passed or awaits me in the future?
From my window, I gaze at the leaves of trees,
Lost in thought, seeking answers that elude.

Are these days yesterday or tomorrow?
My eyes open, yet I am not asleep,
Neither night nor morning nor a day without news.
I toss the pencil out the window,
So why should I not be in love, even in this dream?

۳۱- بی‌راهه

دگر مست مستم ساقی‌ام از دست تو

من دگر نیستم آن بی‌راه در دست تو

نفس آید و به خواب باشد چه عایدی

بستن چشم‌ها به زمین و یا به آسمان دوختن چه

عایدی

بشکستن آوای مرغ سحر در صبح زود

بی‌قرارم از دل بی‌قرارت چه خبر

ساقی‌ام جور و جفا بس. آنقدر فریاد نزن

عشق من با باد و بارانی نمی‌ایستد. آنقدر فریاد نزن

نقطه‌ای که آسمان را بر زمین دوخته

نیست آخر راهی عشق من به تو دوخته

گر بادها آوردن آن مرغ سحری از آسمان‌ها به زمین

ایستاده و برندارم چشم‌هایم از آسمان‌ها و از زمین

می‌روم تا بچینم گل‌هایی به رنگ چشمان تو

بر نمی‌گردم با ناقوس شب‌ها و دل‌هایی دگر

قلبی با صدایی آرام و چشم‌هایی بسته

چه کنم با آن قلب پر صدا و طبلی در کوه‌ها

ندایی از راه دور و جنجالی بی‌حساب

ولی بیگانه‌ام با ساز و دهلِ به خاموشی سپرده

Wandering Paths

Once intoxicated by your touch, my cupbearer,
I am no longer lost in the paths you weave.
Breath comes and goes, a dream's fleeting yield—
Closing eyes to earth or heaven, what gain is revealed?

Breaking the dawn's birdcall with morning's first light,
Restless, what news from your restless heart in sight?
Enough of the hardship and the cries of my cupbearer,
My love, unyielding to wind and rain, calls for no more clamor.

The point where heaven meets the earth,
No end in sight for the love bound to your mirth.
If the winds bring the morning bird from the skies to the land,
I stand steadfast, eyes fixed, unable to move from where I stand.

I go to gather flowers in the hue of your eyes,
Returning not with the night's toll or hearts' goodbyes.
A heart with a soft voice and eyes closed tight—
What can I do with that loud heart and the drumbeats of night?

Calls from afar, unmeasured and frenzied—
Yet, my stranger's world fades silent, as the music's end is penned.

۳۲- خواب و خیال

آه ای امید من، به کجا بدین شتابان
این راه که تو می‌روی و بدون بازگشت
من از آسودگی‌ها و خیالاتی نمی‌گویم به تو
پس از این بیشتر از باز کردن چشم‌هایت نمی‌گویم به
تو
از رفتگان باکی و سوالی و انتظاری نیست
پند و اندرزهایشان را به یاد ولی انتظاری نیست
گر می‌شنیدی هیچ انتظاری از تو
گر تو شنیدی و فهمیدی ولی در دنیایی دگر چه
انتظاری از تو
گذشته را به گذشته‌ها می‌سپارم و هیچ انتظار
فرداست که می‌سپارم به فرداها و بدون هیچ انتظار
می‌روم بنشینم بر سر چشمه‌ای در خواب و خیال
دیدن ماهیان رنگارنگ آشنایی در خواب و خیال
سرم خم کرده و تعظیم به دنیایی دیگر
چه دنیایی چه سر خم کردنی به دنیایی دیگر
می‌رفتم و می‌نوشتم نامه‌ای از یادگار
باد و بارانی ببارید و بشست آن یادگار

Dreams and Fantasies

Ah, my hope, where do you hurry so fast?
This path you tread with no return—
I speak not of comforts nor dreams to you,
Beyond this, I'll say no more of opening your eyes.

No fear, no question, nor waiting for those departed,
Their counsel and advice linger in memory, but no waiting
remains.
If you heard and understood, yet in another world—what
could be expected of you?
I leave the past to its own, with no expectation.

Tomorrow will be entrusted to the morrows, without any
waiting.
I go to rest my gaze upon eyes asleep in dreams,
To see familiar fish in colorful dreams and fantasies.
I bow my head, in reverence to another world,
What a world, and what a bowing to that other realm.

I wandered and wrote names of memories,
But the wind and rain washed those memories away.

۳۳- نغمه‌ها

رفتم بر سر کوهی خاموش و بی‌صدا

شنیدم خنده‌ها و فریادهایی از درختان و شانه‌ها

فریادی از راسوی خیال و نغمه‌ای از مرغکی با فتنه‌ای در آسمان

رفته رفته صورت ماه خجل بتابید و فرار از آسمان

همه چیز ساکت و آرام و شاید آلوده به خواب

نفس باد گرمی که نفسی را در هوا چرخانده

صورتی مثل همان مرغکی آرام خجل رفته به خواب

دوست می‌دارم که ببینم آن دل آرام و چشم‌های بسته‌اش

نفسی گیرم و فریادی کشم در سینه‌اش

ولی انتظار من به مرغکی زنگوله به پا و عشوه‌ی دیگری

عشوه‌ی ناز و آوای و طنازی دیگری

صدای ضربان قلب و قدم‌هایش آشنا

ولی صدای ضرب قلب من تندتر و ناآشنا

رفته‌رفته ضربان قلب من با پای او

یک صدا و با هم آمیخته

یک قدم با پای و یک قدم از آه او

سنگ صبوری می‌خواهد از انتظار و صدای قلب او

Melodies

I went to a silent, soundless mountain peak,
Where I heard laughter and cries from the trees and shoulders,
A cry from the weasel of imagination and melodies from a
birdwith a grace in the sky.
Slowly, the moon's face shone with shyness and fled from
the sky.

Everything was quiet and calm, perhaps tainted by sleep,
The warm breath of the wind swirling through the air,
A face like that of the shy, calm bird now asleep.
I yearn to see that tranquil heart and its closed eyes.

I take a breath and cry out within its chest,
Yet my longing is for a bell-borne bird and another charm,
Another coquetry, another sound, and another grace.
The familiar sound of heartbeats and footsteps,
But my own heartbeat is faster and unfamiliar.

Gradually, my heartbeat aligns with its steps,
Blending as one, intertwined in rhythm,
One step with its pace, one sigh from its breath.
Patience is needed for the waiting and the sound of its heart.

۳۴- آوازه

آواره‌ی آوار دلم هستم این روزها

رفتن و آمدنم یک دم از چشم خمار او نمی‌آسویم این روزها

از شب مهتاب گرفته تا روز گرم و آتشین

نفسم رفته از یاد و چهره لرزان و گرم و آتشین

لحظه‌ای در روبرویش بشکافتم سینه‌ام

صورت گل‌گون و پریشانی که به آتش کشیدم

نفس باد صبا هم لحظه‌ای آرام نگرفته

هوایی و گل‌های پرپر شده‌ای که آرام نگرفته

چه بگویم در آن سراب خالی دلم

جمله‌هایی که به خاموشی سپرده‌ی خالی دلم

آوازهایی می‌شنیدم از دور

چگونه می‌توانم به آزادی چشم گریانم کنم

رفته بودم گیرمش در آغوشی باز

ماه‌ها و سال‌هایی بگذشته و خبری نیست از آن آغوشی باز

چه دیدی در این دنیا و شاید دنیایی دیگر

آرزوهایی رفته و یا برگشته به دنیایی دیگر

رفتن و آمدنش را تو کجا دیده و آن قلب بی‌صاحبش

رفتن من از آن یار و دیار

دیدمت که چه آسان می‌گشتی‌اش

بارها نفسی از یاد و خاطرات بگذشته‌اش

می‌برم از یاد و بسته چشم‌ها و از حیرانی بگذشته‌اش

بینم آسمانی به زیبایی امواج لب دریایی دگر

خاطراتی تازه و قلب سخنگویی بر امواج لب دریایی دگر

The Song

I am a wanderer of my heart's ruins these days,
My coming and going, a moment's respite from his heavy-lidded eyes.
From moonlit nights to blazing, fiery days,
My breath is forgotten, trembling, and fiery.

In moments before him, I have torn open my chest,
A flushed, troubled face set ablaze.
Even the gentle morning breeze has found no peace,
The air and scattered flowers restless in their disarray.

What can I say in that empty mirage of my heart,
Phrases silenced by the void within.
I heard songs from afar,
How can I turn my tearful eyes towards freedom?

I had once held her in an open embrace,
Months and years have passed, and that embrace is no more.
What did you see in this world and perhaps another?
Desires gone or returned to another realm.

Where have you seen her departure and that heartless soul?
I saw how easily she was slain.
Many breaths passed, memories forgotten,
I take them away, closing my eyes, lost in wonder.

I see a sky as beautiful as the waves of another sea,
Fresh memories and a speaking heart upon the waves of another shore.

۳۵- سفر

دگر فکر و توانم نیست به بازی این زمانه
عشق من به فریادم برس
به بازی‌های عجولانه‌ی او گوش ولی به فریادم نرسیده
فشارش بر همه یا من و تو، ولی باز به فریادم نرسیده
چهره بر من دوخته ولی توانش نیست
دیده‌ام در چهره‌ها و چین‌هایی بسیار
نفس‌ها گم شده در لابه‌لای آن توان‌های بسیار
به یادم نیست این روزهای پرچین روزگار
پس چطور گم گشته‌ام در لابه‌لای پرچین این روزگار
عشق من به فریادم برس
به قول‌هایش گوش داده نفس‌هایم بریده
گله از کدام چین‌هایش و از کدام قول‌هایش گله
عشق من به فریادم برس
نفسی به بالا می‌کشم که توهینی به قلبم نکنم
به یادش فقط نفس‌هایی عمیق مانده به جا
از فراموشی او پس چه امیدی مانده به جا
همه جا از رنگ‌های او خیالاتی بی‌حساب
پس چه نفس‌هایی و چه امیدی و خیالاتی بی‌حساب
که شاید صبح سحری آموخته
عشق من به فریادم برس
عشق من به فریادم برس

Thirty-Five Journeys

No strength left, no more games in this weary world,
O my love, hear my cry, rescue my soul.
He listened to the reckless whispers of fate,
Yet my cries go unheard, a relentless weight.
His eyes fixed on me, but he holds no might,
Faces and wrinkles blur in my sight.
Breaths are lost in the clamor of many,
My memories faded, days twisted and plenty.
How can I be lost in these tangled years,
When I recall not the days, just a veil of tears?

O my love, hear my cry, rescue my soul.
Promises heard, but my breaths cut short,
Which wrinkle, which promise do I resort?
O my love, hear my cry, rescue my soul.
I breathe deep, not to insult my heart,
Only deep breaths linger, memories fall apart.
With his forgetfulness, what hope remains?
In every corner, his colors stain.
Breaths, hopes, and dreams so wild,
Perhaps it's morning light, softly compiled.

O my love, hear my cry, rescue my soul.
O my love, hear my cry, rescue my soul.

۳۶- خاطرات

رفتم ببرم از یاد خاطرات دیرینم
ناخودآگاه بدیدم صورت افروخته و گلگونش
نظری کردم که دگر دور کنم آن خواب و خیال
ببستم چشم‌ها و به قناعت از آن خواب و خیال
راهی می‌خانه‌ای با جیغ و فریادی شدم
تا به فراموشی در شب‌های خاموشی به فریادی شوم
صورتش مثال شاخه گلی در لابه‌لای افکارم
با چه دنیایی و خاموشی و رویایی در افکارم
نفسم حسب و دل آزرده و گریانم
با چه خاطراتی به فراموشی سپرده آن دل گریانم
شبی را با تمنایی گزاف سحر کرده
تا نمایی از آن صورت گلگونش شب را به سحر کرده
مرغکی آوازه‌خوان از پشت پنجره دلم
گفته‌هایم را به تصدیق با سکوتش می‌رساند
باز کردم به تمنای چشمانم
در آغوشش بودم و آن دل افروخته‌ام

Memories

I tried to cast aside the memories of old,
But her glowing, blushing face, unbidden, took hold.
I sought to turn away from dreams and restless sleep,
Closed my eyes, resigned, into slumber's deep.
I wandered into the noise of taverns loud and wild,
Hoping to forget in silent nights, where screams go mild.
Her face, like a rose in the chaos of my mind,
In a world of silence, dreams, and thoughts confined.
My breath grows weary, my heart burdened and torn,
With memories forgotten, where sorrow was born.
A night spent in longing, chasing dawn's first light,
To glimpse her rosy face and banish the night.
A little bird outside my window sings softly to my soul,
Affirming all my unspoken words in silence whole.
I opened my eyes, longing filling my sight,
In her embrace, my heart burned bright.

۳۷- خسته‌ام

آهوانی که افتاده به دستان گرگ‌هایی جرعه بنوش
آهوانی که افتاده به دستان گرگ‌هایی جرعه بنوش
گرگ‌هایی بوده‌اند که لباس میش‌هایی به تن داشتند
عاشقان را بگذارید فرار از بی‌نفسان
باد و بارانی بگذارید و فرار از جمله‌ای بی نام و نشان
دسته دسته گل‌های لاله‌های زرد کهربایی
در دامنی و دشتی و غباری بر صورت مرغزارها
عاشقان را بگذارید بنالند همی
بی‌نفس در دام گل‌هایی برقصند دمی
باد گرمی که برقصد و بگرید و گردبادی
عاشقان را چه نیازی به حیران‌گری و ویران‌گری
عادت جرعه بنوشان در جوابی به شاه و گدا
بجز خنده و ارزانی جوابی به آن شاه و گدا
رفته رفته به سوی ویران‌گری رقص کولی‌ها
باز به ارزانی جوابی به آن شاه و گدا
نفسم نفسم به ته رسیده و خسته از این زمانه
چه نوایی و چه جوابی به ارزانی شاه و گدا

I Am Weary

Oh, gazelles fallen into the clutches of wolves, take a sip,
Oh, gazelles fallen into the clutches of wolves, take a sip.
These wolves wore the skins of gentle sheep,
Lovers, flee from those whose souls run deep.
Let the wind and rain chase away nameless phrases,
Scattered amber marigolds in fields and hazes.
Dust covers meadows where flowers grow,
Let the lovers lament and their sorrows show.
Breathless, they dance among the flowers' snare,
A warm wind swirls, crying without care.
Lovers have no need for bewilderment and ruin,
They've sipped their fill of bitter brews in tune.
Customs and kings and paupers demand,
Yet all that remains is laughter, unplanned.
Step by step, the gypsies dance to decay,
A fleeting answer to kings and beggars, astray.
My breath runs thin, tired of this age,
What tune, what answer to kings and beggars' wage?

۳۸- دنیا

آه که چه زود گذشته به قول‌هایی که می‌روند بر باد
این دنیای تصورات آمدن و رفتن من واسه چی
صحبت از کج بودن و راست بودن آن نیست
ولی چه زود می‌روند بر باد از بزرگ و تا کوچک
روزهایی که می‌گذشته مثل یک قرنی
سال‌هایی که گذشته در یک ثانیه واسه چی
جوانی که به خیالی گذاشته تمام تخم‌مرغ‌هایش در
یک سبد
گرفته یک دستش هیچ و دگر دستش شاخه‌ی پژمرده
گلی
شاید یکی فراموش کرده یا زده به زیر افکارش
تاب جنگیدن نیست بجنگم که زده به زیر افکارش
هر چه داشتم جوانی‌هایی بود که رفته به باد
که آن را هم در نیمه‌روزی بگذراندیم
چه کنم با این چشم نابینا و پشت قوز کرده و آن
هوش رفته به باد
آنکه گفته بود این بکن و آن بکن رفته به خواب
ما که کردیم آن چنان و این چنین و او شنیدش
آخرش چی

119

The World

Ah, how swiftly time has passed, swept away on empty vows,
What purpose lies in my coming and going through this life now?
It's not about what's crooked or straight,
Yet how soon even the greatest are blown away by fate.
Days pass like centuries gone in a flash,
Years vanished in a second—what does it all stash?
Youth, lost in daydreams, placed all his eggs in one basket,
One hand holds nothing, the other, a wilted flower's casket.
Maybe someone forgot or cast aside their thoughts in haste,
No strength to fight, what's left of battles faced.
All I had were the windswept days of youth,
Spent in half-light, mid-day, far from any truth.
What to do with these blind eyes, this crooked back, this fadedmind?
The one who told me to do this, do that, now sleeps, resigned.
We did as we were told, lived this way and that—
But in the end, who really heard, and what's left at that?

۳۹- دعوت

مرغ سحری باز مرا دعوت به روزی تازه

برخیز که امروز باز با جلایی به نور روزی روشن

خنده از روز ناغریبی‌ها و با دغدغه‌ای هشیارم کرد

بر زمین خوردم از شادی و خوشحالی و هشیاری او

زمزمه‌های مرغ سحری به روزی نو گواهی می‌داد

که از شعف و روز پرجلالی از تو گواهی می‌داد

می‌گیرم به فال نیک باز کردن پنجره‌ها و مشتی گندم

که جوابی به نوای روز تازه و خوابی از گذشته

نگاهش خندان و صدایش پر سوز و گداز

عاشقانه نگاهش و پر و بالش را گشوده

دویدم تا گیرم قسمتی از سهم خود از روز نو

تا بگیرم در بغل شور و نوایی از روز نو

از بگذشتن روزهای سخت او

گواهی‌هایی از بگذشتن از دل‌ها و زمستان سرد او

نفسم به تاب و هوایی افتاده از روزها و ماه‌های نوین

به چه جهانی در این روزها

به دل قدم بگذارم

همیشه روزی نو و بهاری برای درهایی باز

خنده‌ها و باد و بارانی به همراه بهار قلب تو

Invitation

The morning bird calls me again to a brand-new day,
Rise, for today brings a bright and shining ray.
Laughter from days not lost, awakened by my mindful
thoughts,
I stumbled to the ground in joy and clear delight caught.
The whispers of the morning bird bear witness to the dawn,
A gleam of radiant promise, testifying you are gone.
I take as a good omen the opening of windows and a hand-
ful of grain,
An answer to the morning's tune and dreams that still re-
main.
Her gaze is smiling, her song full of yearning and pain,
She spreads her wings with love, inviting me once again.
I ran to claim my share of this brand-new day,
To embrace the joy and melody that in this dawn lay.
From days of hardship she has passed,
Testimonies of hearts endured and winter's icy blast.
My breath catches in the air of these fresh days and months
anew,
What world lies before me in this newfound view?
Let my heart step into it, bold and true,
Always a new day, a spring for open doors to pass through.
With laughter, wind, and rain, spring follows too,
Bringing the blossoms of the season to your heart so true.

۴۰- کودکی

کودکی بودم در سکوت شهری آرام
خیره می‌کردم چشم‌هایم بر برکه‌ای آرام و بی‌صدا
می‌شماردم ریزه ماهیانی که عادت به شعار
می‌خندیدم به دنیای خیالاتی آن‌ها به شعار
می‌گذشت ساعت‌ها از دنیایی بی‌حساب
عاشقانی که فرار از بی قید و شرطی بی حساب
نفسان حبس از خطایی بی نشان و خستگی
دل به دریا زده و بوسه‌ای از یار و نشان و بدون
خستگی
هواسی به چشمان بلهوس یاری نیست
عاشقانه بجویند به دنبال فرار که از غرامت یاری
نیست
چشمه آب زلال و رقاصان عاشق پیشه
احسن به برکه و کودک بی‌صدای آرام گرفته
دسته‌ای دیگر از فراخان عاشقانه برکه‌ها
پیوسته به نوای رقاصان عاشق برکه‌ها
من کودک در خواب و خیال و بچگی دنیای خالی دلم
لحظه‌ها را سپری و به خاموشی خالی دلم سپرده‌ام

Childhood

I was a child in the quiet of a peaceful town,
My eyes fixed on still, silent leaves drifting down.
I counted tiny fish accustomed to their chant,
Laughing at their imaginary world, at dreams that recant.
Hours passed in a world unmeasured and free,
Lovers escaped, boundless, unconditionally.
Breaths held tight by an unseen fault, weariness fading,
Hearts plunged into the sea, kissed by love, never jading.
No heed to wandering eyes filled with desire,
Lovers seek escape, unburdened by the fire.
A spring of clear water where dreamers dance,
Praise to the pond and the silent child in trance.
Other hands reach for the pond's amorous call,
Joined by the tune of dancers who never stall.
I, a child lost in dreams and a hollow-hearted realm,
Passed each moment, surrendering to the quiet helm.

۴۱- دنیای من

چشم و ابروی و موی سیاهش آمد به خواب من غرق بخواب

فریادی از رسوایی‌هایی می‌زند از منِ غرقِ بخواب

هوش و حواسم گم شده در یک کتاب قطوری بی‌حساب

ورق‌ها می‌زدم از آن کتاب خاطرات قطور بی‌حساب

خدای من خاطرات زیر و رو رفته‌ی من از کجا پنهان‌گری آموخته؟

نفسم بند و رنگ و رویی باخته با چه پنهان‌گری آموخته؟

دل به دریایی بزدم که شاید فراموشی را رنگی دهم

موج دریا را مثل طوفانی به خاموشی دهم

آسمان من را سوار بر قویی سبک بالی می‌نشاند

که از آسودگی‌هایی بر روی پر و بال نرمی نشاند

گله از محو و فراموشی آن رویای بی‌تاب دلم

بسته چشمانم تا بیاد چشم و ابروی سیاهش و بی‌تاب دلم

قطعه قطعه جمع می‌کنم پازل افسونگرش

پارچه‌ای نرم و ابریشمی را می‌کشم بر روی افسونگرش

ناگهان خواب عمیقی و چشم و ابروی سیاهی

می‌روم بر باد و فریادی از رسوایی و چشم و ابروی سیاهش می‌زنم

125

My World

Her dark eyes, brows, and hair appeared in my dream,
I, deep in sleep, hear a cry of secrets unseen.
My senses lost in an endless, vast book,
Turning the pages of memories with a closer look.
Oh my God, where did my memories learn to hide?
My breath fades, my color drains, with secrets that bide.
I cast myself into the sea, hoping to give forgetfulness a hue,
To quiet the ocean's storm with silence anew.
The sky places me on the wings of a gentle swan,
Where I rest on soft feathers, peace gently drawn.
I lament the fading and forgetting of the restless dream in
my heart,
I close my eyes, remembering her dark gaze that never de-
parts.
I gather pieces of her bewitching puzzle bit by bit,
Drawing soft silk over her enchanting form, perfectly fit.
Suddenly, a deep sleep takes me to her dark eyes,
I am swept away, crying out against secrets and lies,
Lost in the wind, with a cry of her dark eyes.

۴۲- گلایه

دل به صحرایی می‌دهم که از دریایی بی‌خبر
سر به صحرایی زدم که نگاهش داغ و آلوده به خواب
دل به دریایی زدم ناامید از قایق‌های نجات
نفسم رفته به باد از فراموشی
زندگی‌ها پیچیده و پیچیده‌تر به نظر
درک سوال‌ها و دردهایش در نگاهی ناآشنا
نه سوالی، اگر هم سوالی هست خاموش و بی‌جواب
گفتگوهایی از دل به دریا زدنی نیست
پند و اندرزها همه خفته خموش
درخت بید مجنون هم سر خم کرده افتاده بزار
افتاده از نصیحت به نصیحت با گوش‌هایی ناشنو
گفتمانی و اما سوالی بی‌جواب
افکاری از سوال‌هایی بی‌جواب و خنده‌هایی ناآشنا
اشک من با قلب من همخوانی‌هایی بی‌صدا
می‌روم تا کنم آزاد افکار مغشوش دلم
پیش ماهیانی بی‌زبان و از سوال‌هایی بی‌جواب
نوبت رقص پروانه‌ها و ماهیان
خود سرابی به جواب سوال‌های بی‌جواب
باد و بارانش ابر و طوفانش بجا
ولی، ولی برق و سیلابش نه به سوال‌هایی بی‌جواب

Lament

I give my heart to a desert that knows nothing of the sea,
I turn toward the desert, its gaze scorched and steeped in dreams,
I cast my heart into the sea, hopeless of rescue boats' beams.
My breath swept away in the winds of forgetting,
Life twisted and twisted still, with no setting.
Understanding its questions and pains in an unfamiliar glance,
No question, or if there is, it lies mute without a chance.
Conversations drown, not a soul to dare the deep,
Advice and counsel, all silenced, asleep.
Even the weeping willow bows its head, forlorn and low,
Fallen from counsel to counsel with ears that do not know.
Discourse unravels, yet every question remains unanswered still,
Thoughts of unanswered questions, with strange laughter that chills.
My tears blend silently with my heart's hidden cry,
I go, seeking to free my mind's tangled sighs,
To the voiceless fish with questions unsatisfied.
It's the turn for butterflies and fish to dance,
A mirage of answers to questions that lack a stance.
Its wind and rain, cloud and storm, they remain,
But lightning and floods, they do not resolve unanswered pain.

۴۳- شروع

با صدای بارانی پاییزی امروزم شروع

فرار از تابستان گرمی پرهیاهو

ظاهرا آسمانی آبی از لابه‌لای شاخه‌ها

بسته چشمانم بر روی تابستانی زودگذر

ندایی از دلربایی‌هایی از پرواز پاییزی می‌کنند

عشوه‌ای با پرواز برگ‌هایی می‌کنند

کودکی بر روی تپه ای از برگ‌ها و خنده‌اش

با تکان دست‌ها و پاهایش می‌کشد عکسی از

فرشته‌ای

حکایتی از زمستان و روزهای برفی‌اش

شوق و شعف پاییز و زمستان برفی‌اش

باز همان عکس‌های فرشتگان و رقاصی

بر روی برف‌ها و برگ‌های خزانی‌اش

پاییز و زمستانی همیشه به یک بهاری زیبا

Beginning

Today begins with the sound of autumn rain,
Escaping the loud heat of summer's reign.
A sky seemingly blue through the branches' maze,
I close my eyes on summer's fleeting blaze.
A call from the charms of autumn's flight,
A flirtation with leaves taking their graceful flight.
A child on a mound of leaves, laughter alight,
Waving arms and legs, drawing an angel in sight.
A tale of winter and its snowy days,
The joys of autumn and winter's snowy displays.
Again, those angel pictures and dancing spree,
On the snow and fallen leaves, wild and free.
Autumn and winter, always leading the way,
To a beautiful spring, where blossoms sway.

۴۴- بی‌تابی

نگاهم کن گریزی از هوای بی‌تابی‌ات

جوابی با جیغ و فریادی مده

یار من، منِ افتاده با شوری به تمنای دلت

ناگریزی از بی‌تابیِ های و هوی تمنای دلت

اشکی از آسودگی و نمناک آوارگی‌ام

به فریادی و غوغایی تبدیل شده

آوازها و نغمه‌هایی که در گلو مانده بی صدا

دستم بگیر، دستم بگیر تا فرار از این گفتارهای

بی‌جواب

جوابم می‌گریزید از لابه‌لای نفس سنگینی

من را چه عادت به این خاموشی

ترس چشمانم نه از بی حوصلگی

افتاده به شمار از بی‌تابی‌ات

Restlessness

Look at me, I flee from the air of your restlessness,
Don't offer answers with shouts and cries,
I, consumed by longing, yearn for your heart's address,
Restless, with cries that can't be disguised.
A tear of ease, now turned into wandering's dew,
Has become a cry, a tumult anew.
Songs and melodies stuck in my silent throat,
Hold my hand, hold my hand to escape this note.
My answers flee from heavy breaths of despair,
I've grown accustomed to this silence and care.
The fear in my eyes is not from impatience,
It has become part of the count of my restlessness.

۴۵- آی حسنی

این منم یا این تویی
حسنی به مدرسه نمی‌ره
وقتی هم میره جمعه میره
تا افسوس خوردن‌هاشو فراموش کنه
ای وای چه شود ای وای چی نشد
روزی که حسنی دوست داره به مدرسه بره
بزار بگن
بزار بگن همینه که هست
اون روز اونه
نه روز منه نه روز تو
اون فکر خودش نیست
فکری که برای بقیه می‌کنه
چند وقته فکر می‌کنه
این فکرها را بذاره کنار
مگه می‌شه؟
خوب بعدش چی؟
تمام عمر با این فکرها بزرگ شده
میگن حسنی فیلم بازی می‌کنه
بذار بگن .... بذار بگن
آخه مگه می‌شه یک عمر فیلم بازی کرد
پس حالا وقتشه
آتشی به پا کنه
تو چشم همه نگاه کنه
با فریاد
با فریادش احساس خودشو بیان کنه
اون می‌گه
دوری و دوستی را نمی‌خواهم
تو منی اگر دوست منی
بدون هر خجالتی یا مکثی بگه ...
خوشگله، نازه، یا دیوونه
چمه، چیزی را بیان کنه
بدون این‌که
بدون این‌که منتظر باشه
که دوست‌هاش درباره‌اش چی فکر می‌کنن
دیدی حسنی این کار می‌کنه
دیدی حسنی اون کار می‌کنه
ولی
بذار بگن، بذار بگن
حسنی منظورش چی بود؟
یا حسنی منظوری نداشت
یا همه‌اش تظاهره
هر چی می‌خواد بگه می‌گه
هر چی می‌خواد بکنه می‌کنه
بذار بگن، بذار بگن
بدون هیچ انتظاری می‌کنه
چرا نه
چرا که نه
آوازی که دوست داره می‌خونه
تو دلش یا زمزمه یا بلند
آتشی به پا کنه ... همه چیز را خراب کنه
بذار بگن
بذار بگن حسنی به مدرسه نمی‌ره
یک وقتی می‌ره که جمعه بره
به ما نمی‌خوره، وصله ناجوره
بذار بگن، اما زندگی اونه
بذار بگن، اون روز اونه
نه روز منه، نه روز تو
بذار بگن، بذار بگن

Oh Hasani

Is this me, or is it you?
Hasani doesn't go to school,
And when he does, it's only on Fridays,
To forget his regrets, to ease his dismays.
Oh, what will happen, oh, what won't?
On the day Hasani wishes to go to school,
Let them say,
Let them say, "This is how it is."
That day is his,
Neither mine nor yours,
It's his own thought,
Not the thought of others.
He's been pondering these thoughts for a while,
Can he set them aside?
Can it be done?
And then what?
He's grown up with these thoughts all his life.
They say Hasani is just acting,
Let them say... let them say,
After all, can one act forever?
Now is the time,
To set a fire,
To stare into everyone's eyes,
With a shout,
To express his feelings with his cries.
He says,

"I don't want distance or friendship,
If you are mine, be without shame or pause."
Call him beautiful, charming, or mad,
Say something,
Without waiting,
Without waiting for friends' opinions on his actions.
"Did you see Hasani do this?
Did you see Hasani do that?"
But,
Let them say, let them say.
What did Hasani mean?
Or did he mean nothing?
Or is it all just pretense?
He says what he wants,
He does what he wants,
Let them say, let them say.
He does it without expectations,
Why not?
Why not?
He sings the songs he loves,
In his heart, or whispered, or loud,
To set a fire... to destroy everything.
Let them say,
Let them say, Hasani doesn't go to school,
Only on Fridays,
He's not one of us, he doesn't fit.
Let them say, but it's his life.
Let them say, that day is his,
Neither mine nor yours.
Let them say, let them say.

۴۸- خیال

در سحرگاه خیالم
چشمه آب زلابی می‌بینم
با ماهیان رنگارنگ
نگاهش می‌کنم
جام بلوری است از زندگی‌ها
می‌بینمش با رنگ خودپسندی
نگاهش
فکرش
کارش
چکشی بر افکار من
چکشی بر جام بلور
اون من است
من دیگری با نام او
این همه ماهیان مختلف
با نگاه‌ها
یا فکرها
با کارهای مختلف
وقت ما یک ثانیه
نگاه ما
کار ما
فکر ما
عمر ما یک ثانیه
نزنم فریاد
نزنیم فریاد
ما مثل چکشی در آینه
در هر کلامی
در هر نگاهی
در هر زمانی مختلف
ما همه تیرهایی در آسمان‌ها رها
یکی آن‌جا یکی جایی دگر رها
چهره‌های خواب آلود
می‌خواهم برگردانم ورق را
عمر ما یک عمر
چهره‌ها بیدار و چهره‌های آشنا
همه با هم یک صدا

Imagination

In the dawn of my imagination,
I see a spring of clear, flowing water,
With colorful fish swimming around.
I gaze at it,
A crystal goblet of lives,
I see it with a hue of self-admiration.
Its gaze,
Its thoughts,
Its actions,
Hammering at my thoughts,
Hammering at the crystal goblet.
It is me,
I am another with its name.
All these different fish,
With their gazes,
Or their thoughts,
With their varied actions.
Our time is but a second,
Our gaze,
Our actions,
Our thoughts,
Our lives, just a fleeting moment.
Let us not shout,
Let us not raise our voices,
We are like a hammer in the mirror,
In every word,

Akbar M. Fakhar

In every gaze,
In every different moment.
We are all arrows released into the sky,
One here, one elsewhere, flying free.
Sleepy faces,
I want to turn the page back,
Our lives span an eternity,
Faces awake and familiar,
All together in one voice.

۴۹- نی‌لبک

رنگ و رویم رفته به کناری با صدای نی‌لبک

در هم آمیخته از پرواز مرغانی مست و به هم ریخته

رفته رفته بدن عریان سبزه‌روی او

نه دگر دوست شناسم نه دگر جام شراب

در خیالاتی از عریانی و صدای نی‌لبک

لحظه‌ها را می‌شمارم از بی‌طاقتی‌های چشمان خیس

او

نه دگر آغوشی رفته زیاد از آن جام شراب

برنداشته از حریم آن حجاب بی‌شراب

بفشردم آن نی‌لبک به صدا و بستن چشمانش

نه نوایی لرزان از بدن عریانش

سر بر زانوی خیال رویای اندام او

لحظه‌ها را می‌شمارم از فرار نی‌لبک خاموشش

آرزوهای آورده ز باد

می‌گریزم از فرار آرزوهای مستی و از جام شراب

حمله مرغانی مست و عریان و سر به زیر

فرار نی‌لبکی و سینه‌های لرزان او

خاموشی خورشید رفته به تاراجی

نه دگر امواج دریایی شناسم نه دگر جام شراب

The Ney

My color and face have faded away with the sound of the ney,
Blended with the flight of drunken, disheveled birds.
Gradually, the bare body of his green-eyed self
No longer reveals a friend, nor a goblet of wine.
In the realm of nakedness and the ney's melody,
I count the moments of his tearful, restless eyes.
No longer embraced by the excesses of that wine,
Unshaken by the veil of that untainted sanctuary.
I pressed the ney to the sound, closing my eyes,
No trembling tune from his naked form.
Resting my head on the knee of imagination, dreaming of his figure,
I count the moments of the ney's silent escape.
Wishes carried by the wind,
I flee from the escape of drunken desires and the goblet of wine.
The assault of drunken, naked, and downcast birds,
The flight of the ney and his trembling chest.
The silence of the sun, ravaged and stolen,
No longer do I recognize the waves of the sea, nor the goblet of wine.

۵۰- در این حال

در این حال که سر بر بالین خیال می‌گذارم

به یاد تو می‌افتم

به یاد روزهایی که سر بر سینه‌ام می‌گذاشتی

و به یاد روزهایی که تنگ در آغوشم می‌کشیدی

صدای نفس‌هایمان

و باز صدای نفس‌هایمان بود که سکوت را می‌شکست

چه دورانی بود که گذشت

چشمم باز می‌شود و از درون بیرون می‌آیم

و به یاد گذشته چشم‌هایم را می‌بندم

و باز تو را می‌بینم

عشق من این بار چه شد؟

چرا اشک در چشمانم حلقه زده؟

منم در فکر تو ام، و به یاد جداییمان

طاقتم تنگ می‌شود...

دوباره چشمانم را باز می‌کنم

نمی‌توانم، ناخودآگاه پلک‌هایم را در آغوش می‌گیرند

و باز تو را می‌بینم

In This Moment

In this moment, as I rest my head on dreams,
I think of you.
I remember the days you laid upon my chest,
The days you pulled me tight into your embrace.

The sound of our breathing,
And again, the sound of our breathing, breaking the silence.
What a time it was, those moments now gone.
My eyes open, I emerge from within,
Yet closing them again, I see you once more.

My love, what became of us this time?
Why do tears fill my eyes?
I am lost in thoughts of you, and the memory of our parting,
Patience slipping through my hands.

I open my eyes again, but I cannot bear it—
Involuntarily, my eyelids fall,
And once again, I see you.

۵۱- نامه دیدار آخر

ترس من همیشه از رسیدن به آخر خط. با صدای زنگ تلفن.

نمی‌دانم با چه حالی از زنگ تلفن این بار قلبم به دریایی طوفانی بی‌حساب و آشوبی به تلفن چسبید.

خواهرم بود از ایران که احساس کردم می‌خواست چیزی را پنهان نگه دارد. با شروعش که چطوری داداشی ولی احساس و نوایی دیگر.

این صبح زود با چه دنیایی ز من با چه رویایی ز من.

همیشه از پنهان کردن و اشک ریختن‌هایی خودم را دور از همه و در خلوتگاه دفتر سر کارم، خودم را خالی کنم. با بستن تابلویی برای برگشتم که تا ۱۰ دقیقه دیگر که به ساعت‌ها می‌کشید.

نمی‌دانم با چه حالی از زنگ تلفن که خودم را آرام نشان دهم. خواهرم بود و سوالی بی‌جواب. داداشی پس کی میایی؟

با نفس به شماره افتاده‌ام گفتم راستش را بگو. گفت هیچی.

بر صندلی تکیه دادم. هیچی گفتنش من را به نفس زدن انداخت.

فقط حال مامان خوب نیست. می‌داتی آلزایمر و زخم پشت از تخت‌های بیمارستان. خوب دیگر آقاجون هم بهانه تو را می‌گیرد. حساس شده.

هر چه بود، بعد از چند روزی بعد به ایران رفتم. حس کردم که زنگ آخر به صدا و بوی آخرین دیدار که دیگر کسی پشت پنجره تا نصفه شب منتظر من نخواهد ماند.

فکر ۲۰ روز ماندن در سرم پرداخته ولی پس از ۱۰ روز از ترس و بی‌طاقتی از حال آن‌ها و دیدن جایی خالی از آن‌ها در آینده به فراری پیوستم.

هنوز در آن لحظه‌ها فکر پدرم از عقب افتادن کارهایم بود برای آمدنم.

او روزی مردی با اراده‌ی آهنین، مغزی با خواسته‌هایی و قدرتی بی‌شمار، حال با قبولی از سستی و زبونی‌ای بسیار. طاقتم از دیدن حال زار او و رفته به باد. هر دو را همیشه به نوع‌هایی مقایسه می‌کردم. به بیمارستانی شتافتم که مادرم را گیرم در بغل با هزاران سوال‌هایی بی‌جواب. من که بودم در رویای او و فرار من از دنیای او. آن‌ها هر دو رفته به دنیایی دگر. و من پایبند به اشک‌هایی روزانه و فرار در دفتری با تابلوی سردی که برمی‌گردم ۱۰ دقیقه دیگری و فرار از نشان اشک‌هایم در حیاط خلوتی با درهایی بسته و دور از هر کسی.

در برگشتم چند روز بعد خواب بودم، دیدم مادرم ایستاده استوار و اولین بار بود با ابروانی هاج و واج. مثل این‌که از دیر آمدنم حکایت می‌داشت. جزوه‌ای از شهرهای شهریار در دست داشتم. باز کردم.

وای خدایا. شعرش را در چشمان مادرم می‌پنداشتم در یک زمان که می‌گفت:

"آمدی جانم به قربانت ولی حالا چرا"

The Letter of Our Last Meeting

I've always feared the end,
The final sound of a ringing phone.
This time, my heart thrashed like a stormy sea,
As I clung to the phone in trembling silence.
It was my sister, calling from Iran,
Her voice hiding a truth I wasn't ready to hear.

She began, "How are you, dear brother?"—
But her tone was full of weight, a quiet heaviness.
This early morning, wrapped in a world so far from me,
In dreams so distant, I felt her unspoken grief.

I've always hidden my tears, away from everyone,
In the solitude of my office, where I could release the flood.
Hanging a sign: "Back in 10 minutes,"
But those minutes stretched into hours.

When I picked up the phone again, I tried to stay calm.
She asked, "When will you come?"
With a breath that seemed to fail me, I asked her to speak the
truth.
She said, "It's nothing…"

But that "nothing" dragged me into the abyss.
Leaning back in my chair, I gasped for air.
She told me, "Mom's not doing well. You know, the Alzheimer's,
And her bedsores from the hospital bed. And dad…
He misses you. He's grown so fragile."

A few days later, I flew to Iran.
I knew this was the last call, the last time I'd see them.
No one would wait for me by the window at midnight again.
I planned to stay twenty days, but after ten,
The fear, the aching silence in their absence,
Drove me to flee.

My father—his mind once sharp, his strength immense—
Now a shadow of himself, worn by time and weakness.
I couldn't bear to see him like that,
So frail, his iron will now crumbled.

I rushed to the hospital to hold my mother,
With a thousand unanswered questions.
Who was I in her dreams?
Who was I in my own?

They've both left for another world,
And I remain, bound to my daily tears,
Hiding in my office with that cold sign—
"Back in 10 minutes"—
Escaping to courtyards where no one can see me cry.

After returning home, I dreamed a few nights later.
My mother stood tall, for the first time in so long,
Her eyebrows raised as if to ask why I came so late.

I held a page from an old book in my hands,
A fragment of verses from some far-off land.
And I imagined my mother's eyes, filled with a quiet song:
"You've come, my love, but why so late?"

۵۱- طومار

من به یاد شب‌هایی پر ستاره و آغوشی داغ
تو به یاد خواب و خیال پرستویی فرار از لانه داغ
برده از یاد روزهای نفس‌گیر و چهره بی‌تابش
لعنت ای دل از بشکستن دل بی‌قرارش
به فریادی بدریدم از سر در به دری پیراهن بی‌تابم
بگشودم سینه‌ی حیران و افسرده‌ی بی‌تابم
آب شدن گلوله برف‌های خیالاتی تو
ترس بیدادگری و فرار از بیدادگر سینه‌ی تو
هوش رفته به باد از ترس نفس‌گیر چهره‌ات
هیاهویی از نفس افتاده قلب زمین‌گیر من
چشم به آسمانی دوخته از آمدن و رفتن تو
ای وای خدایا پس کی بنویسم این طومار سوخته‌ی
رفتن تو

بس. بس کن فرار از آغوش منِ زنده به دار آویخته
نفس‌هایم به اتمام رسیده از آن چشمان خمار و
سینه‌ی باز
ماه‌ها و ستاره‌ها را تقدیمت کنم بس؟
یا که اشک و آهم با دل بشکسته‌ام را بی‌تابش کنم
بس

I Recall Nights of Stars and Fevered Embrace

I recall nights full of stars and a burning embrace,
You, lost in dreams of a bird fleeing its searing nest.
You've forgotten the breathless days and restless face,
Damn this heart for shattering the one unsettled and blessed.

With a cry, I tore apart the restless shirt of mine,
Exposing this bewildered, weary, and aching chest.
The snowballs of your fleeting dreams melt in time,
Fear of betrayal fleeing from the fire in your breast.

My reason, swept away by the storm of your gaze,
A frenzy of breathless chaos anchors my soul.
Eyes fixed upon a sky, watching your comings and goings,
Oh, God, when will I pen this scorched scroll of your farewell?

I live suspended, enough, no more running from this embrace.
My breath is spent, stolen by those sultry eyes and open chest.
Shall I offer you moons and stars as enough tribute to your
grace?
Or will my tears and sighs leave this shattered heart
unsuppressed?

۵۲- زنگ آخر

تقدیم به تمام عزیزانی که رفته‌اند به خواب آخر من

زنگ آخر. آخرین دیدار

نمی‌دانم که از خلوت‌گاهی بگویم یا که از چشمان
بی‌تاب گریه‌ها

نفس‌هایی از بی‌تابی‌هایی و سخن‌هایی بی‌جواب

خواب‌هایی که نه سحر می‌شناسند و نه ماه‌هایی
بی‌خبر

چشم‌هایی که نه آسمان می‌شناسند و نه چشم‌های
گریانی ز من

سحر سرد و ظهر بی‌نام و خورشید تن به آتش کشیده

چگونه باغ رویاها و خاطراتی از او را به فراموشی
کشیده

وای از صورت خندان او برده گریه‌ها و نفسی
بی‌حساب

با نه سوالی و جوابی نفسم تقسیم شده با اشک‌هایم

روزها و شب‌هایی که به سحر تن دادم ببینمش در
خواب

روزگار از سر ناسازگاری‌ها و از لمس دستان و صورتش

نه ندایی و صدایی به جز خاطراتی از اشک‌های
تنهایی‌اش

ترس من از خواب‌ها و صورت و آوای پرتمنای او

تمنایی فقط یک بار، فقط یک بار از لمس صورت پر
تمنای او

رفتم و رفتید بی‌صدا من را ببخشید. من را ببخشید
پدرم و مادر عزیزم.

The Final Bell

Dedicated to all the dear ones who have journeyed into my final dream

The final bell, the last farewell.
I don't know whether to speak of a lonely place
Or of tearful eyes, restless in sorrow.
Breaths heavy with unanswered words,
Dreams untouched by dawn, untouched by silent moons.
Eyes that neither know the sky
Nor the tears that fall from me.

A cold dawn, a nameless noon,
And a sun set ablaze in a relentless fire.
How could I forget the garden of dreams,
Or the memories of her once so bright?
Oh, how her smiling face vanished into sobs,
And my breath became divided with my tears,
Silent, without question or reply.

Through days and nights, I gave myself to the dawn,
Hoping to glimpse her in my sleep.
But time, with all its cruelties,
Left me only the feel of her hands, the trace of her face.
No voice now, only memories,
Of her lonely tears in the stillness of the night.

I fear the dreams where her tender face appears,
Yearning, just once more,
Just once more, to touch the face so full of longing.

I left, and you all left without a word.
Forgive me. Forgive me,
My father, my beloved mother.

۵۳- اعتراف از زمان

من نمی‌خواهم از این دنیا چیزی

بجز آلونکی و با صدایی و خنده‌هایی

بدون بی‌قراری‌ها و بس

دوری از پشت خم کردن‌ها و ابروانی ز غم

من که در خواب و خیال تنهایی‌هایی

دیدن روزهایی که از آمدن و رفتنشان

چشم‌هایی که هنوز به خواب آلوده

در غفلت و در خواب گذشته‌ای از زمان

تا به خواب و بیداریم اعتراف از زمان

دم به دم از بیدار شدنم می‌نالم و بس

وای که چه دیر از فهمیدن بیدار شدنم و باز کردن

چشمانم

مثل این‌که دیر شده‌ها به بهانه‌هایی دیگر

به چه بهانه‌هایی که دگر دیر شده؟

ساعت‌هایی که گذشت به امید فرداها

به چه بهانه‌ای که نه دیگر دیر شده و نه دیر شدن‌ها

Akbar M. Fakhar

Confession of Time

I ask nothing from this world,
But a small shelter, and the sound of laughter—
No more restlessness, no more.
Free from the weight of bending backs,
And brows furrowed with sorrow.

I dwell in the dreams of my loneliness,
Watching the days come and go,
Eyes still heavy with sleep,
Lost in the forgetfulness of time long passed.
Until in both sleep and waking,
Time confesses its truth to me.

Moment by moment, I lament my awakening,
Oh, how late I grasped this rising,
How late I opened my eyes!
It feels too late—
But for what reason, and what delay?

Hours have slipped away,
While I hoped for tomorrows yet to come.
But now, what reason remains?
It's neither too late nor too early,
Yet, here I stand—wondering why.

۵۴- نامه سرگشاده دیگرانه

طبیعت آدم اینه که خیلی کم به پشت سرش نگاه می‌کنه که دوباره در یک چاه نیوفته که از گذشته خودش درس و عبرتی بگیره. چه خوب بوده چه بد. به خصوص اون‌هایی که یا می‌خواهند درس عبرتی بدهند، باز آن‌ها بدتر از قبل از این‌که خودشان را در موقعیت اون یکی قرار بدن چند تا نسخه به هم می‌پیچند.

سوالی از خودت بکن. آقا چند بار سر خودت کلاه رفته. نه دیگه قایمش نکن برادر من. شاید آخه اون هم چاره‌ای نداشته جز آن که آن را انجام بده و نفهمیده بیوفته تو چاه میگی آخه بابا چند بار یک بار دو بار خدا تو شکر دیگه آنقدر برای تو انگشت شمارش نداریم. باز یاد ملاّ می‌افتم خدا خیرش بده جوابی داد. میگی ملا داشت می‌آمد عصبانی. گفتند بابا چی شده کشتی‌ها غرق شد؟ گفت نه بابا سرم کلاه رفته. گفتند ای بابا چیزی نیست، خدا بزرگه. روز بعد باز دیدن سرش پایینه هی فحش می‌ده. گفتند چی شده؟ نگو که این چند روز هر روز سرت رو کلاه گذاشتند؟ گفت بابا کلاه که یک رنگ و دو رنگ نیست. چه خوب یا چه بد، شاید هم شما هم در آن موقعیت‌ها همین تصمیم را می‌گرفتی، ولی چون تیرشان به سنگ خورده، آن را بی هوش و بی‌خرد یا نفهم می‌گویند. بابا این را ولش کن برادر من. اگر هم کچل می‌بودی سر خود دوا می‌نمودی. لااقل از حرف‌های بزرگترها چیزی می‌آموختی مثل این‌که ایشان علامه دهخدا را هم پشت سر گذاشته و خودش هم یا اشتباه نکرده که استغفرالله و یا خودش علامه دهخداست یا که با هم؟

برادر من یا خواهر من خدا نکنه که شما هم در چنین موقعیت‌هایی قرار بگیرید که در راه برگشتن شرمنده خودتان قرار بگیرید نه دیگران. موقعیتی بود خوب یا بد که اتفاق افتاده دو مرتبه چه خوب یا چه بد. درسی خواهد بود برای آینده. شما هیچ دینی هم به کسی ندارید. مطمئناً تاثیر خواهد داشت و با تجویز آن به دیگران ممکن است مشکل ساز بر روش و تفکری مختلف داشته باشد گوش کنید و تصمیم را با موقعیت خود وفق بدهید. از کسی خرده هم نگیرید و شرمنده‌ی بیشتر و بیشتر نباشیم. اشک خودم برای خودم کافی است. "باقی برایت جانم فدایت. ببخشید آقای انیشتین.

An Open Letter to the Others

It's in our nature, you see,
Rarely looking back to learn,
To avoid the pits we've fallen in before.
Whether the past was kind or cruel,
We seldom pause for reflection.

And those who preach the lessons,
Oh, how they twist the truth,
They weave their tapestries of advice,
Never stepping in the other's shoes,
Blind to their own contradictions.

Ask yourself this, my friend—
How many times were you fooled?
Don't hide it now, brother of mine,
Maybe they too had no other way,
Blindly stumbling into the trap.

You cry, "Why me, why again?"
But you see, it's a game we can't count on our fingers.
Each time, another hat pulled over your eyes,
And when you tell the world,
They say, "It's nothing, God is great."

The next day, your head still hangs low,
Cursing the trickery, day after day,
The hats keep changing colors.

And maybe, in their shoes,
You'd have made the same choice,
But because they missed the mark,
They're called foolish, reckless.

But leave it alone, my brother.
If you were bald, you'd find your own cure.
At least you'd learn something from the elders,
Who boast of wisdom and say,
"I've made no mistakes, I'm above them all."

God forbid, my sister, my brother,
That you find yourself ashamed,
Not of others, but of yourself.
Life has its moments, good or bad,
Once, twice—they will be lessons for tomorrow.
You owe no one anything.

And perhaps in this lesson,
In sharing with others,
You might heal a different wound,
Understand a new way of thinking.
Listen, reflect, and tailor your choices to your heart,
And don't let shame weigh heavier than it must.

Tears, I have enough of my own,
Let the rest be for you, my beloved,
Forgive me, dear Einstein.

۵۵- آرامی

اشک و آهم را که دیدی

از برق نگاهم که تو چه دیدی و چه شنیدی و شنیدی

سفری بود در فضا یا خواب و خیال

این چشمان بی جان و بی حال من

این دل داغون و بی فریاد من

با چه امیدی به فریاد و به فردا رسیده

گوینده من و این قلم به فریاد رسیده

دریایی پر تلاطم گرفته گلوی عصیانگر من

کم کم ندایی از خاموشی‌هایی می‌آید

که همه چیز را به فراموشی سپرده

مثال بادبادکی که به آرامی به آسمانی می‌رود

صدای آوازهایی از دور به گوش می‌رسد

که این آوازها به کجا می‌روند

و این آوازها به کجا می‌رسند

نگاهی به صورتم کن ببین کجا می‌رود

ببین کجا می‌رسد

Tranquility

Did you see my tears, my sighs?
What did you catch in the flash of my gaze,
What did you hear in its silence, its song?
Was it a journey through space, a dream untold,
In these lifeless, weary eyes of mine?
This broken heart, this voice left unspoken—
How did it reach for tomorrow, for hope?

I, the speaker, and this pen,
Both cried out in desperation,
A stormy sea has gripped my rebellious throat,
Yet slowly, the call of silence arrives,
A voice that surrenders all to forgetfulness.

Like a kite drifting softly into the sky,
The sound of distant songs reaches my ears,
But where do these songs fly?
Where do they end?

Look at my face, trace its path,
See where it goes,
And where it will finally rest.

۵۶- آشفته

به امید سوغاتی‌هایی بودم از چشمانم

ولی این اشک من است از من می‌گریزد

باز مرغ سحری در خواب چه دیدی؟

بر آب آتشی زدم، سر به سنگی می‌زنم، ندیدی

سوختنم؟

ببین چه‌ها می‌کند. ببین چه‌ها می‌کنند

این قلب آشفته‌ی من ببین چطور فرار می‌کند

افتاده نفسم از بی‌حوصلگی‌هایی به شمار

سر به زانویی می‌گذارم تا فرار از تپش‌ها و شعله‌ها

به پروازی تن دهم تا گذر از چشم و ابرویی دور از

انتظار

تعظیمی به چشمانم و قلب‌هایی خسته و به طپش

افتاده

آخرین جرعه از خنده‌ها و نفس‌هایی افتاده به شمار

Disarray

I had hoped for gifts from my eyes,
Yet these tears, they flee from me.
Oh, morning bird, what did you dream?
I set fire upon the water, beat my head against the stone—
Did you not see my burning?

Look at what it does to me,
Look at what they do to me.
This heart of mine, so tangled, see how it flees,
My breath, lost in the weariness of countless sighs.

I rest my head upon my knee, escaping the pounding, the
flames,
Wishing to soar past the gaze of distant eyes.
A bow to my eyes, to hearts worn and tired,
The final sip of laughter and breaths slowly dwindling.

۵۷- امروز و فردا

امید من، این همه با من رنجه مکن

چشم و هوش من تماماً در تمناهای توست

در فضای من و تو به تمناهای توست

این همه آه و ناله‌ی تو با این شب‌های دراز

کاری به جز رنجاندن از خودت

فقط از خاطرات امشب و فردا نکن

از بیهودگی‌هایی می‌گویمت

امشب و فردا مکن

از فشار ناتوانی‌های شکایت می‌کنی

عزیزم امروز و فردا را مکن

کمی از افکار مغشوشت بکاه

ولی از لبخند و خنده‌هایت نکاه

چه بخواهی و نخواهی این روزها سپری

دور انداختن فکر و اغتشاشات زندگی

همه را دور بینداز و تمرین نکن

فکرها را دور بینداز و بیشتر خنده‌ها را تمرین بکن

عزیزم خود دانی

این روزها و این شب‌های زودگذر را

امروز و فردا نکن

بخند تا همراهت شوم

اشک و آهت بس

من به امروز و به فردای خنده‌هایت انتظار

این چرخ زندگی را آنقدر امروز و فردا نکن

Today and Tomorrow

My hope, do not trouble yourself with such distress,
In your yearning, all is focused,
Both my eyes and my mind
Are lost in the space of your longing.

This endless sighing and lamenting through these long nights,
Do nothing but cause yourself sorrow.
Just don't dwell on tonight's and tomorrow's memories,
Do not linger on these futility.

Tonight and tomorrow, do not burden yourself.
Do not complain of the weight of your weaknesses,
My dear, let today and tomorrow be free of such.

Ease the turmoil of your thoughts,
But let not your smiles and laughter fade.
Whether you wish it or not, these days pass by,
Cast away the confusion and commotion of life.

Throw away the thoughts, practice more of your laughter.
My dear, you know best,
These fleeting days and nights,
Do not worry about today and tomorrow.

Laugh, and I shall join you,
Enough with the tears and sighs.
I wait for the laughter of your days to come,
Do not turn life's wheel to today and tomorrow.

۵۸- ناتوانایی‌ام

برای عشق‌های آن‌هایی که رفتند بخواب و رفتند به باد
فقط ببین چشم‌هایم چه‌ها می‌کنند

از همیشه پاشیده و پاشیده‌تر شدم
از همه دورتر و دورتر
فرار از همه
با سیلی‌هایی به صورتم
سرخ‌تر و سرخ‌تر
به نمایانی خوشحالم
تن به نمایانی‌ام از ناتوانایی‌ام
گویند هر جا که هستی خانه‌ی توست
اگر اینست
پس پدرم کو و مادرم کو
بقیه خاطراتم کو؟
پس همه خواب خیال؟
این همه خواب و خیال واسه چی؟
مثال عنکبوتی منتظر تا پر کردن تارها چی؟
او جوابی می‌دهد؟
تو بگو از باده فروشان چه خبر؟
دعوی آن‌ها به سهمی بیشتر از عنکبوتان؟
رفتن من یا رفتن تو
چه جوابی به آن باده فروشان؟
رفته رفته از دور شدن نوشته‌ها
غریبی‌هایی که افتاده به خاک
خانه‌ای که با همه خاطراتش رفته به خواب
از فرو پاشیدنش با خاطراتش همگی رفته به باد
آن‌که دستم می‌گرفتن
آن‌که نازم می‌کشید
رفته به خواب و رفته به باد
با آن همه سال‌هایی که گذشت
چه کنم با داد دلم؟
کیست گنهکار؟ من یا زمان؟
پس با اشک و آهم چه کنم؟
با این دل بیدادگر و گوش ناشنوایم چه کنم؟
مهشید من تو تنها نیستی در این راه

My Frailties

I have become more scattered and scattered,
Farther and farther from all.
Escaping from everyone,
With slaps upon my face,
Redder and redder,
I find solace in my revealed frailties.

They say wherever you are, that is your home—
If this is so, then where are my father and mother?
Where are the rest of my memories?
Are they all mere dreams and illusions?
What is all this dreaming and imagining for?

Like a spider waiting to weave its webs—
Does it ever get an answer?
Tell me, what news from the wine sellers?
Do their claims exceed those of the spiders?

Whether I leave or you leave,
What answer do we give to the wine sellers?
Slowly, from the writings of distance,
The loneliness that has fallen to the earth,
A house that has fallen asleep with all its memories,
Collapsing, leaving all its memories in the wind.

Those who held my hand,

Those who indulged me,
Gone to sleep and scattered in the wind.
With all those passing years,
What shall I do with the cries of my heart?

Who is the sinner? Me or time?
And what should I do with my tears and sighs?
What shall I do with this rebellious heart and deaf ears?
My beloved Mahshid, you are not alone on this path,
For the loves of those who have gone to sleep and been lost to the
wind.
Just see what my eyes are doing.

۵۹- ادامه‌ها

می‌خندم از فراموشی‌ها بدون هیچ گلایه‌ای از زندگی. امواجی از افکارم هجوم گفتنی‌ها که باید بروی پرده‌ای آید. گاهی در حال رانندگی هم که به کناری می‌کشم، با بوق ماشین‌های دیگری باز با خنده می‌پرسم از خودم که چه شد و چه افکاری داشتم؟

چند قلم از این و چند قلم از آن با نوشته‌های مختلفی که هنوز در خاطرم هست بر روی هر تکه کاغذی برای یادآوری که بعداً آن را به هم ربطی دهم. از هر باغچه گلی. بر روی هر کاغذی. گاهی رسیدهای خریدی یا که پشت خالی نسخه‌های دکتری. ولی همیشه سعی در دسترسی داشتن به تکه کاغذ سفید و خودکاری می‌کنم برای موقعی و مبادایی نوشته‌های جلوی داشبورد ماشینم به پیوستن به چندین تکه کاغذهایی با نوشته‌های ناتمام که شاید روزی به کار آید یا نه. و شاید رویاهایی که به توهمی تبدیل شده.

گاهی سه یا چهار بار به کناری می‌کشم با بوق و سرنای دیگران برای یک خط یا چند خط که بعد از رسیدن به مقصد و باز کردن پازل‌های ذهنی‌ام که چقدر از آن‌ها در ذهنم باقی‌اند و جمع و جورشان کنم یا گاهی به دنبال قطعه‌ای که ننوشته و محتاج می‌گردم که بقیه به هم وصل کنم. از فراموشی به فراموشی دیگر. گاهی با بوق ماشینی یا زنگ تلفن مزاحمی، همه افکارم به یک کلمه‌ای نوشته ختم می‌شود.

زندگی و نوشتنی‌ها همه تبدیل به یک راز بقای سردرگمی و به چند پازل دیگر و گاهی به یک کلاف سردرگم که باز کردن آن را هم سعی می‌کنم با خنده‌ای بلند جمع و جورش کنم.

ساعت چهار و نیم نصفه شب است که ساعت‌هایی با آسودگی‌هایی از زمان به تمنای نوشته‌هایم می‌رسم برای افکار پازلی‌ام. سطل آشغال‌ها پر از کاغذهای بی اساس و گاهی در چند صفحه‌ی مختلف یا برای چند مطلبی جدا که شاید روزی برای به تمام کردنشان و تمنای دلم کمر همتی به تمام کردنشان. اگر نفسی هم برآید، هر کدام را پایانی دهم. باز با لبخندی به جواب خود اکتفا و ادامه به راه خود.

می‌دانم. عاقبت به پایانی می‌رسم. به خوابی فرو می‌روم و بیداری از صبح زود و باز پرواز کاغذها. آه باز آن پری دریایی با هجوم به کاغذها و افکارم در دل شب همه را به پایانی رسانده که من در خواب بودم. به اطرافم نگاهی با تعجب به پازل‌هایی دیگری و با لبخندهای دیگری و چند قطعه کاغذ سفید و پاره‌ی دیگر. که دیگر تمام شده. که دیگر تمام شده.

Continuations

I laugh at my forgetfulness, unburdened by life's trials. Waves of thoughts rush forth, poised to be cast upon the curtains of my mind.

Even while driving, pulling aside with a honk from passing cars, I smile and wonder what has become of my musings. What thoughts did I once have?

A few notes here and there, scribbled on scraps of paper, reminders for the future,
Collected from every garden of ideas, every piece of paper, sometimes receipts or the backs of old prescriptions.
I strive to find a blank page and pen for those moments of sudden inspiration,
To join my incomplete notes, scattered across my dashboard, perhaps to be useful someday or become mere illusions.

I often pull aside three or four times, amidst the honks and horns, for a line or two,
Reaching my destination and piecing together the puzzles of my mind,
Sorting what remains and searching for the missing fragments that need to be connected.
From one forgetfulness to another, often ending with a single word scrawled in my mind.

Life and writing become a secret of confusion,
A few more puzzles, sometimes a tangled knot, which I try to
untangle with a laugh.

At four-thirty in the morning, as time brings relief,
I reach for my fragmented thoughts.
Trash bins overflow with meaningless papers,
Scattered across different pages, each a separate piece,
Perhaps someday they will be completed, fueled by my resolve
to finish them.

If breath allows, I will end each one.
Once again, I smile and settle for my answers, continuing on
my way.

I know. In the end, I will reach a conclusion. I will fall asleep,
waking early to find my papers flying again.
Ah, that sea nymph, crashing into my thoughts and papers in
the dead of night, has brought everything to an end while I
slept.
Looking around with wonder at new puzzles, smiles, and a few
more scraps of white paper,
It is all over now. It is all over.

۶۰- عمر نوح

در تاریکی‌هایی که قدم بگذاشته‌ای از ناچاری

به روشنایی‌هایی که برسیدم با سختی‌ها و فروپاشی‌ها

با قول و قرارهای بسیار از خوشی‌ها

که چرا به آسانی رهایش بخواهم کرد؟

که دگر دیر شده

برای بازگشت به زمان‌هایی که چه کرده یا چه می‌شد اگر؟

باز همه چیز و همه راه به گذشته‌ها می‌سپارم و بس

درس زندگی. دنیای خود و پستی و بلندی‌های خود

آزمایش‌هایی بی‌شمار و خود نیاز

من صیقل خورده به روزهای روزگار

بر زمین خوردم و ایستادم

بر زمین خوردم و ایستادم

چه جوابی و چه درسی آموختم از آن؟

آخرش چی؟

چه درسی واسه من؟

امتحان‌ها خوب یا بد و یا به جبرانی پس کردم.

آخرش چی؟ و واسه چی؟

روح و قلب من با صیقل‌هایی بی‌حساب و عمر من تمام

این همه نتیجه‌ها واسه چی؟

انتظار من از آن همه نیست بیشتر

مشتی خاک بر روی سرم واسه چی؟

من که بر نخواهم گشت اگر هم برگردم واسه چی؟

من که از دنیایی بی‌حساب و بی‌کتاب نه تقاضایی برای برگشتم

پس این همه رنج و عذاب واسه چی؟

من که به آسودگی‌هایی رسیده نتوانم دید سود او

با نگاهی در آینه دیدن روز و حال او

که چه امتحانی پس کردم؟

آخرش چی؟

ریز نمراتم کو؟

آخرش چی؟

بعد از این هم اگر صد عمر نوح را بگیرم

بیشتر رنج و عذاب آخرش چی؟

آخرش چی؟

Noah's Lifespan

In the darkness where I tread out of necessity,
To the light I reached through hardships and collapses,
With many promises of joys,
Why would I let it go so easily?
Yet it's too late,
To return to times of what was done or what might have been.
I surrender everything and every path to the past,
Lessons of life, my own world, its highs and lows,
Countless trials and my own needs,
I, polished by the days of life,
Fell and rose again,
Fell and rose again,
What answers and lessons did I gain from this?
What's the end?
What lesson for me?
Tests, good or bad, or compensations afterward.
What's the end? And for what?
My soul and heart, polished beyond measure, my life spent,
What is all this for?
My hope from all this is not more,
A handful of dust on my head, what for?
If I do not return, what if I do?
From a world without account and book, no request for my return,
So what is all this suffering and torment for?
I reached ease, but couldn't see its profit,
Gazing in the mirror, seeing the day and its state,

Akbar M. Fakhar

What trial did I pass?
What's the end?
Where are my scores?
What's the end?
Even if I were given a hundred lifetimes of Noah,
More suffering and torment, what's the end?
What's the end?

۶۱- خواسته‌ها

خواسته تو خورشید مرا به غروبی دلربا

تو هر وقت بخواهی مرا فقط سکه خورشید را جدا

حتی با غروب خورشید هم با تو خواهم بود

دادی از بی دادی‌های ماه

از فرار خورشیدهایی به غروب پیوسته

سر به یه زانویت از بی نفس‌هایی حکایت

چشمان نمناکی به غروب زیبایی

سوختن خورشید در غروبی از حکایت‌ها

لب به آزادی حیران زده‌ای پیوسته

خواسته‌هایی از دل ویران زده

بارها به قناعت از قرار در آغوش تنگت

نفس‌هایی به نفس‌هایی تسلیم شده

آه با فریادهایی و فشاری بر بازوانت

تو را به آوازها و صدای قلبت دعوت

صورت حیران زده و خواسته‌ها

یاغی و یاغی گری‌هایی که نفس افتاده

سر به زانویت نهادم تا جواب دعوت قلبت دهم

Desires

Your desire, my sun, calls me to a bewitching dusk,
Whenever you wish, you can cast me aside like a coin from the
sun.
Yet even in the sunset's final breath, I'll remain by your side.

You gave me the moons of your silent injustices,
As suns fled, ever bound to the sinking horizon,
I rested my head on your knee, sharing the tale of breathless
moments.

Your damp eyes witness the beauty of the vanishing day,
As the sun burns into a dusk filled with untold stories.
Your lips, lost in astonished freedom,
Speak of desires born from a heart in ruins,
Contentment found countless times in the tight embrace of
your arms.

Breaths surrendered to breaths,
A cry, an ache, pressing against your arms.
I called you to the songs and the beating of your heart,
A face lost in wonder and longing,
The rebel of desires and a rebellion that left breathless.

I laid my head upon your knee,
To answer the call of your heart's invitation.

۶۲- چالش‌ها

رفتم به دیاری موهوم و ناشناخته‌ی افکارم

رویاهایی و کلافی سر در گم

نفسم از خجالت بی چون و چراها

به دنیایی دیگر گره خورده

امیدهایی به پای‌کوبی‌هایی بدون چون و چراها

چه رویایی و چه آرزوهایی که به خواب رفته

روباهی که به تن کرده پوست مرغانی ملوس

راز خلقت را به چالشی آمیخته

آسمانی خالی از ستاره‌ها

چه چالشی و چه نوایی به امید فرداها

طنابی به قطر کمرم

به هجوم خیالات از نفس افتادنم

فرار از پناهگاهی به پناهگاهی تاریک‌تر

حق آن نیست از برداشتی

که سوسک سیاهی آفاتی به همراه داشته

من را ببخش ای خدای سوسک‌ها

تو خود تخم سیاهی کاشتی

مرا ببر به باغ‌هایی پناهم بده

و از هوای سوسک‌هایی نجاتم بده

Challenges

I wandered into the unknown land of my thoughts,
Lost in dreams and a tangled mess of confusion.
My breath caught in the shame of unquestioned truths,
Tied to another world beyond this one.

Hopes danced without reason, without why,
Dreams and wishes, asleep in the night.
A fox wore the skin of gentle hens,
And the secret of creation was challenged,
Under a sky barren of stars.

What a challenge, what a tune, singing of tomorrows,
A rope thick as my waist,
Choking beneath the weight of crashing thoughts.
Fleeing one shelter only to find another, darker still.

It is not right to blame,
For even the black beetle brings with it its plague.
Forgive me, O God of the beetles,
For you, too, planted seeds of darkness.
Take me to your gardens, grant me refuge,
And free me from the breath of these swarming beetles.

۶۳- دریا

بیگانه از بیگانگی از درد و رنج اضافی و آغوشت کشم

از زمین و آسمان از درد به آغوشت کشم

قبل از اینکه به تو زانویی زنم

قلبم را به تو هدیه و سر بر زمینی زنم

اشکم را به دریایی سپرده

تا نیازی به آغوش سردی نباشد

رفته رفته امواج دریاها را در پیشکشی سردی نباشد

یا تقدیم به چشمان نمناکت کنم

آهی به آرزوهای پنهان شده من

دنیا را پیشکش به تمناهای تو

همه را به رقص کولی‌هایی دعوت به بیابانی کنم

از رقص کولی‌ها ببین چه رازها

چشمه‌ای از آب زلالش چه رازها برملا می‌شود

چه کارهایی از عمری برملا می‌شود

امروز هم دگر روزی ناآشنا به چشمانم

حتی آسمان هم از پنهان شدن اشکش پیداست

گله‌هایی که مرا از پای انداخته

جای پاهایی از کدام رازهایی انداخته

گله از چه کسی و از کجا؟

من هنوز راز گله‌ای نیاموخته

The Sea

Stranger to strangeness, I draw you from pain and sorrow,
From earth and sky, I pull you close to my wounded heart.
Before I bow to you,
I gift you my heart and lay my head upon the ground.

I've entrusted my tears to the sea,
So I no longer need the cold embrace.
The waves rise, slowly, offering their gift,
Or perhaps, I'll present them to your tearful eyes.

A sigh escapes, for my hidden desires,
I offer the world to your silent longings,
And invite all to dance like gypsies in the desert wind.

From their dance, what secrets unfold,
Eyes clear as water reveal the untold,
And lifetimes of mysteries unravel before me.

Even today, the day feels unfamiliar to my gaze.
The sky itself betrays its hidden tears,
Complaints have worn me down,
Footprints left behind by secrets unknown.

From whom, from where do these complaints arise?
I still haven't learned the secret of the flowers unbloomed.

۶۴- ویرانی

آن خنده‌های من است
چهره‌ام داد از فراموشی‌هایی می‌زند
خنده‌هایی که از پشت درختانی پیداست
خنده‌هایی که مجبور به سایه‌هایی سر به زیر انداخته
لبخندی به اشباح شبانی می‌زنند
چشمانی که عادت به تاریکی‌ها و سایه‌ها
فرار از آشنایی‌های روزگاری می‌کنند
نفس‌هایی که به شماره افتاده
زندگی را جدا از هلال ماهی
به جنجالی از قرص ماهی می‌کنند
خوشنویسان را بخوانید از نقش زندگی
خنده‌هایی در جواب چشمان بسته‌ها و خوش خیالی
بکشید افسار نفس‌هایی از دورها
چه جوابی از خوش خیالی؟
بگویید از باد و بارانی چه خبر؟
رفتگان را بگذارید آرام در خواب زندگانی
بروید و بگذارید در هوای آیندگان
نه جلو رفتن و نه برگشتن از آن

Ruins

Those were my laughter,
My face, a cry of forgotten times.
Laughter peeking from behind the trees,
Forced into shadows, bowed in silence,
Smiling at the ghosts of the night.

These eyes, accustomed to darkness and shadows,
Flee from the familiarity of old days.
Breaths now numbered,
Separating life from the halo of the moon,
Turning it into a chaos beneath its glowing disk.

Call the scribes to write the story of life,
Laughter echoes in response to closed eyes and foolish dreams.
Pull the reins of distant breaths,
What answer comes from illusion?

Tell me, what news from the winds and the rain?
Let the departed rest in the sleep of life,
Go, and leave space for the air of those yet to come—
Neither moving forward, nor returning from it.

۶۵- قفس

رقص دانه برف‌هایی شتابان و سر به زیر انداخته
با طنازی‌هایی بر روی شاخه‌ها
روز را به رویایی و فرار از تاریکی‌ها
به امیدی از امیدهایی ناآشنا
دخترک کوچکی به بازی‌ها و خنده‌هایی
به دنبال پروازهای ریزه برف‌هایی
من را به سویی فرا می‌خواند
از کوچکی‌ها و سهمی از گذشته‌ها
با خنده‌ها و لذتی از بی‌خیالی‌ها
من را به یاد بی‌خیالی‌های خود در سن او
حال و هوشی در قفسی تنگ جای داده
گفتنی‌ها گفته شد
پروازی در قفس تنگی در هوا
چه یادی از پروازهایی بیرون از قفس؟
ترس بیرون گذاشتن از پایی از قفس
رویاهایی که همیشه در سر پرورانده
در آغوش کشیدن یاری
یا نفس کشیدن در دنیایی دگر
به چه بهایی پای به بیرون گذاشتن؟
چه رویاهایی و چه افکاری از دنیای بیرونی‌ها؟
یک قدم به سوی در
صد قدم فرار از در و پنجره‌ها
بستن پنجره‌ها و فرار از فرداها
دل به هوایی زنم از شکستن درها و پنجره‌ها و آرزوها

Akbar M. Fakhar

The Cage

The hurried dance of snowflakes, bowing low,
Flirting gently upon the branches,
Turning the day into a dream, escaping the dark,
With a hope born of unfamiliar hopes.

A little girl, playing and laughing,
Chasing the flight of those tiny snowflakes,
Calls me toward her—
Toward the smallness and the share of past joys,
Her laughter reminds me of my own carefree days at her age.

Now, my mind, my soul, trapped in a narrow cage,
All has been said.
A flight constrained within tight walls of air,
What memories linger of flights beyond the cage?

The fear of stepping one foot outside,
Dreams forever nurtured in my mind—
To hold someone close,
Or breathe in another world.
At what cost would I take that step?

What dreams, what thoughts of the world beyond?
One step toward the door,
A hundred steps fleeing from doors and windows.
Closing the windows, fleeing from tomorrow—
But still, I long for the air that comes from breaking doors,
windows, and dreams.

۶۶- نقشی از زمان

سوار بر قایق سیاهی رنگ و رو رفته

به هوای کشیدن از نقشی از زمان

دل به دریایی بدون پارویی و امواج پریشانی

چشم به آسمانی و امواجی ناآشنا

نه نفس حبس کردن و افکار مغشوشی

ابرها از سوختن و صبح سپیدی و خورشیدی گواه

هیچ گواهی از امواج و روزی پر التهاب

نم نم بارانی آخرین سوغات لکه‌های ابرها

هوش و حواس برده از چند مرغ دریا از خوابی ناآشنا

لرز قایق از باد و امواج بهم ریخته

برده از یاد دنیای بیداری و امواج افکارم

سکوتم را از امواج و دریا تمنا

به تمناها از قطره‌های باران و چشم‌ها

چشمان خسته و افسار گریخته

نه ندایی و سوالی از خورشید و ابرهای گریخته

قایق دل به دریا زده و خواب آلود

سکوت را می‌شکنند امواج خودسری

ولی از خجالت به خواب و نوای دیگری

باز از برخاستن صبحی و روزی و امواج دیگری

ابری سوخته و خجل سر به زیر انداخته

قطره قطره از آب شدن و فرو رفتنش به امواجی دگر

قایقی زبون و از نفس افتاده

تا کمر در آب دریایی و ساحلی به شن فرو رفته

بدون خاطراتی از سرگردانی و امیدهایی که به شن نشسته

از این خاموشی‌ها و خاموش شدن‌ها

در این دنیای خاموشی‌ها

دیدی چونان خزان شدم؟

فقط ببین چونان خزان شده‌ام

Akbar M. Fakhar

A Mark of Time

Riding a boat, faded and black,
Chasing a glimpse of time's forgotten mark,
I set my heart on a sea without oars, with waves in disarray,
My eyes gaze upon a sky and waves unknown.

No breath to hold, no tangled thoughts,
The clouds burn, bearing witness to the white morning and the
sun,
No sign of waves, no day of storms,
Just the drizzle of rain—last gift from the stained clouds.

My mind drifts with the sea birds lost in strange dreams,
The boat shivers from the wind and the chaotic waves,
And I forget the waking world and the storms of my thoughts.

I yearn for silence from the waves and the sea,
For the yearning of raindrops and tired eyes,
Eyes weary, reins lost in the wind.
No voice, no question from the sun, nor the fleeing clouds.

The boat, adrift and half asleep,
Its silence broken by the wild waves,
But from shame, it drifts into another dream, another song.
Once again, a morning rises, with new waves and another day.

A cloud, burnt and ashamed, bows its head,
Melting, drop by drop, sinking into other waves.

A helpless boat, out of breath,
Half-submerged in the sea, buried in the shore's sand,
No memories remain of wandering or hopes that rest in the
sand.

In this silence, in this fading away,
In this world of quiet,
Did you see how I became like autumn?
Just look—see how I've turned to autumn.

۶۷- جوانی

عبای جوانی هم از شانه‌ها بیفتاد و

هیچ ابایی از برداشتنش

سال‌هایی بگذشت که هیچ ابایی از برگشتنشان

گفتی گذشته‌ها را به گذشته بسپار

گفتی درهای دلت را باز کن یا ببند

ولی هیچ نمی‌بینم ابایی از باز کردن و بستنشان

عشاقی که به دنیایی طلایی تبدیل

چه ابایی از افتادن عبایی داشته

گذشتن از جوانی‌هایی و بهارهایی

که یک روز به خزانی

چه ابایی از آمدن و رفتنشان

مصلحت نیست از ساقیانی به خواب رفته

نفس حبس کرده از درماندگی

فرار از عشاق و ساقیان

چه ابایی از بیداریشان؟

Youth

The cloak of youth slipped from my shoulders,
And I had no care to pick it up again.
Years have passed, and I had no care to retrieve them.
You told me to leave the past to the past,
You told me to open or close the doors of my heart,
But I see no concern in opening or closing them anymore.

Lovers who turned their world to gold—
Why would they fear losing a simple cloak?
We passed through youth and springs,
Only to face autumn one day.
Why should I worry about their coming and going?

It is not wise to wake the sleeping cupbearers,
Breath held tight in helplessness.
Fleeing from lovers and the cupbearers,
Why should I fear their awakening?

۶۸- خواب‌ها و بیداری‌ها

باز یاد او با نفس‌های عمیقی
جایی خالی و عجیبی
نفسم با حیرانی از کمبود هوایی
گاهی از بالا کشیدن لحافی بر روی سرم
یه یاد از سرما خوردن‌هایی
کی بود و چه شد
دیدن صورت مادرم از لابه‌لای درها و پرده‌ها
با لبخندی که معلوم بود که چه می‌خواهد بگوید
پسرم بخواب مبادا سرمایی بخوری
آهسته آهسته محو او در تاریکی‌ها
کدام شب از خواب بودن یا بیداری‌ام
دیدنش را از لابه‌لای در یا پرده‌ای
یا با سوالی آشنا که بیداری؟
بخواب خواب خوش ببینی
باز محو اون از لابه‌لای پرده‌ها
کمتر از دقیقه‌ای صدای آوازگونه‌اش
که هوا روشن شده پسرم
مدرسه‌ات دیر نشه
اگر حالت خوب نیست می‌خواهی بیشتر بخوابی؟
چیزی بخور گرسنه نمانی
و با دست کشیدن به سر یا صورتی
باده‌ها سالی که گذشت
با همان سوال‌های همیشگی
نه دگر نشانه‌ای و دیر شدن‌ها
با صدای تلفنی یا دنیایی دگر
پسرم خودت را خوب بپوشان
هوا سرد شده مبادا سرما بخوری
چه شب‌هایی تن داده به این آوازها
به امید شنیدن یک بار دیگری
که هوا سرد شده مبادا سرمایی بخوری
لحافم را می‌کشم بر روی صورتم
به انتظار شنیدن صدایش فقط یک بار که
هوا سرد شده مبادا سرمایی بخوری
گرسنه‌ای؟ می‌خواهی چیزی بخوری؟
باز کردن چشمانم همه خواسته‌ها
یا بستن چشم‌ها زمزمه‌هایش آشنا
که هوا سرد شده مبادا سرما بخوری
گرسنه‌ای؟ می‌خواهی چیزی بخوری؟

Dreams and Awakenings

Again, I remember him with deep breaths,
In a strange and empty place,
My breath, a wonder at the lack of air,
Sometimes lifting the blanket over my head,
A memory of past colds,
Who was it, and what happened?

Seeing my mother's face through the cracks of doors and
curtains,
With a smile that spoke what she wished to say:
"Sleep, my son, don't catch a chill."
Slowly, she fades into the darkness,
Which night was it, sleep or wakefulness?

Did I see her through the cracks of the door or curtains,
Or with a familiar question: "Are you awake?"
"Sleep well, may you have sweet dreams,"
As she fades again from view.
In less than a minute, her lilting voice,
"The air is bright now, my son,
Don't be late for school.
If you're not feeling well, would you like to sleep more?
Have something to eat, don't stay hungry."

And with her hand brushing my head or face,
The years gone by,
With the same old questions—

No more signs of lateness or delays,
Just a phone call or another world.
"My son, wrap yourself up well,
The air has turned cold, don't catch a chill."

What nights I surrendered to these songs,
Hoping to hear it once more—
"The air has turned cold, don't catch a chill."
I pull my blanket over my face,
Waiting to hear her voice just once,
"The air has turned cold, don't catch a chill."
"Are you hungry? Do you want something to eat?"

Opening my eyes, all desires spill forth,
Or closing my eyes, her whispers feel familiar:
"The air has turned cold, don't catch a chill."
"Are you hungry? Do you want something to eat?"

۶۹- پر قو

افتاد ز دستم پر قویی در آن آب روان
دیدم صورت حیران‌زده‌اش در آن خواب و خیال
وزش باد و دگرگونی آن آب روان
پر قویی تنها یادگار از صورت گل‌گون و رقص اندام او
بی‌قراری‌ها‌از به بالا بردن شانه
نفسی حبس شده از خواسته‌ها و خواسته‌ها
به یغما بردن و خاطرات و رقص اندام او
گو جوابی از آن لرزه اندام و خواسته‌ها
فرو ریخته آن دل بی آرامشش
به دنبال پر قو با التهابی بی حساب
نفس و قلب پرالتهابی دوان به صورت گل‌گونش
در کنار آن آب روان و آن پر قوی خیال
چه گناهی از آن آب روان؟
جدا کردن پر قوی یار آشفته‌اش
رفتم ببرم از یاد آب روان و خواسته‌ها و خواسته‌ها
زدم بر در یار و رنگ و رویی باخته
در آغوشش افتاده و فراموشی سپرده
آب روان و از آن خواب و خیال

Feather of the Swan

A swan's feather slipped from my grasp into the flowing stream,
I beheld its bewildered face in dreams and fantasies,
The breeze stirred and transformed the current,
That feather, the only remnant of her rosy visage and graceful
dance.

Restlessness rose in the lifting of my shoulders,
A breath caught in the midst of desires and longings,
Memories stolen away, her dancing form haunting me—
Where is the answer to that trembling figure and those desires?

Her restless heart crumbled,
In pursuit of the swan's feather, an uncontainable urgency,
Breath and heart racing towards her blushing face,
Beside that flowing stream and the feather of my dreams.

What sin lies in that flowing water?
To part from the swan's feather of my disturbed love.
I sought to forget the stream, the desires and longings,
I knocked on the door of my beloved, a faded hue.

Falling into her embrace, I surrendered to oblivion,
The flowing water and the remnants of dreams and fantasies.

۷۰- گله‌ها و گله‌ها و گله‌ها

داد از رسوایی‌هایی و حال خراب
نفس‌هایی به شمار آفتاده و دادی از این حال خراب
چه بگویم؟ چه کنم از گله‌ها و گله‌ها
فراموشی از خوش‌بینی‌ها پناه برده به گله‌ها و گله‌ها
به آب و آتش زدنی از این حال خراب
فراموشی‌هایی یا با طبل و دهل
دنیایی از آرزوها و فرار از حال خراب و گله‌ها و گله‌ها
آسودگی به کنار و دست به دامان حال خراب و گله‌ها
من بیاسوده به افکاری تا گریزم از هوای گله‌ها
گریزی و دل به دریا زدنی و فرار از بی‌نفسی
عش من از گله‌هایی تو نگو
عشق من از حال‌های خرابی تو نگو
از گله‌ها و بی‌نفس‌های لیلی و مجنون مگو
از حال خراب خسرو شیرین و شیرین و فرهاد مگو
آن دل آرام شده و دنیای زیبای تو
دور از گله‌ها و گله‌ها و گله‌ها
دور از حال خراب و خراب و خراب
کجا رفت و کجا رفت و کجا رفت

Akbar M. Fakhar

Grievances and Grievances and Grievances

A cry of disgrace and shattered state,
Breaths counted in this wretched plight—
What can I say? What can I do with these grievances and
grievances?
Forgetfulness has taken refuge in the sorrows of my heart,
In a clash of water and fire from this troubled state.

Oblivions beat like drums and cymbals,
A world of desires, fleeing from anguish and grievances,
Comfort set aside, clinging to this broken state and grievances.
I, restless, ponder thoughts to escape the air of lament,
Fleeing, casting my heart into the sea to break free from
despair.

Do not speak of my love's grievances,
Do not mention my love's wretchedness.
Don't tell tales of the laments of Layla and Majnun,
Nor the ruins of Khosrow and Shirin, and the sorrows of
Farhad.
That heart, once at peace, in your beautiful world—
Far from grievances and grievances and grievances,
Away from ruin, shattered, and broken.
Where has it gone? Where has it gone? Where has it gone?

۷۱- فریاد

خسته‌ام خسته از نامهربانی‌ها

دنیایی خالی از ستاره‌ای

نفس حبس شده از تاریکی‌هایی سخن

دور از نفسانی ناآشناهایی در تاریکی

دور از نفسانی ناآشناهایی در تاریکی

کوچه‌ها تاریک از همصداهایی ناآشنا

کوچه‌هایی تاریک و پنجره‌هایی بسته و دل‌هایی خسته

آهی سرد و خاموشی‌هایی بی‌رنگ دل‌های خسته

آسمان سرد و خاموش

پرنده‌هایی فرسوده از خواندن‌ها

گواهی از ایستادن قلب‌هایی از آتش‌هایی به خاکستری

آوازهایی می‌رسد از راه دور

ولی سرد و رنجور و از نفس افتاده

چرا از نامهربانی‌ها سخن؟

داد از چشمه‌ای آب گل آلودی و از سخن افتاده

خسته‌ام از آب گل آلودی و از گلوی به نفس افتاده

در به درهایی زدم که با قفل بزرگی و زنجیری کلان

خسته‌ام از دنیای خالی از ستاره‌ای

خسته‌ام از نه جوابی از این دنیای تاریک

خسته‌ام از این ستاره‌ها و چشمک‌های دروغین

خسته‌ام از آب زلال چشمه‌ای

بی رنگ و بویی از نفس افتاده

چه سودی از امواج خروشان و کوه‌های سر به فلک کشیده

دلم از آزردگی‌هایی سخن

پس چه ثمری از عشق به نامهربانی‌هایی سخن

سال‌ها انتظار از چه بی‌وفایی‌ها و نامهربانی

گله از کی و از کجا و از کجا و از کجا

A Cry

I'm weary, tired from the unkindness,
In a world empty of stars,
My breath trapped in the dark,
Far from the unfamiliar desires in shadows,
Far from the unfamiliar desires in shadows.

Streets shrouded in the sounds of strangers,
Dark alleys, closed windows, and weary hearts,
A cold sigh, a silence that drains the heart,
The sky, cold and mute,
Birds worn from their songs,
Bearing witness to hearts that stand, turned to ash.

Songs drift from afar,
But cold and frail, lacking breath,
Why speak of unkindness?
A cry from muddy, tear-filled eyes,
I'm weary of the murky waters and gasping throats,
Knocking on doors locked tight with heavy chains.

I'm tired of a world void of stars,
Exhausted from this dark world without answers,
Weary of these false stars and their flickering lies,
Tired of the muddy waters of sight,
Devoid of color or scent, breathless.
What use are the roaring waves and towering mountains?

194

My heart speaks of its wounds,
Then what fruit is there in love amidst unkindness?
Years of waiting for betrayal and harshness,
Grievances from whom, from where, from where, from where?

۷۲- پریشانی

من همانم بارها و بارها دیده‌ای
روی سرخ با شرم و حیاهایی دیده‌ای
چشمه‌ها خشکیده از سنگ صبوری
تو بی‌وفایی‌ها و خشکیده چشمه‌هایی دیده‌ای
آسمان آبی و خشک و بی‌نفس
تو همان آب حیات‌ها را دیده‌ای
نقشی از زندگی‌ها در روح و روانم
پیچیدگی‌هایی از داد روانم دیده‌ای
درهای دل و قلب افتاده به خاکم
بوی مشک و عنبری از قلب بی‌جانم دیده‌ای
عشاقی که پناه به دالان‌های تاریکی می‌برند
تو سبزه‌زاری و دریایی از گل‌های رنگین دیده‌ای
سینه‌ام چاک داده و شمار قلبم به تو
تو همان رزهای سرخ و سفید و شمار نفسانم دیده‌ای
دریایی پرتلاطم برده حواس و افکار نامغشوش
تو در کجا سیر و سیاحتی آوای مغشوشی دیده‌ای؟
آسمان آبی حکایت‌ها از تنگ بلور
ماهیانی رقص کنان را در جام بلوری دیده‌ای
آه از آن رویایی که از شیطنت و بازیگوشی
تو همان رویایی از شیطنت و بازیگوشی‌هایی دیده‌ای
رفتم بزنم بر در یار و بیفشانم گل‌های زرد و کهربایی
نفس‌های پریشانی و پر التهابی که تو دیده‌ای
از کجا و از کجای آغوشت بگویم
تو همان عقاب پریشان را سخت در بازوانت دیده‌ای و
فشرده‌ای

Distress

I am the one you've seen, time and time again,
With a blushing face filled with shame and modesty.
The springs have dried, stone-cold with patience,
You've seen the betrayals and the parched fountains.

The sky is blue yet barren, breathless,
You've witnessed the waters of life.
Shadows of existence linger in my soul,
Twists of anguish weave through my psyche.

The doors of my heart lie fallen to the ground,
You've caught the scent of musk and amber from my lifeless
core.
Lovers seeking refuge in the depths of darkness,
You've seen me in the verdant fields, a sea of colorful blooms.

My heart aches, torn, counting its beats for you,
You are the red and white roses, the essence of my desires.
A tumultuous sea has swept away my senses,
Where have you wandered, amidst the clamor?

The blue sky holds tales of crystal confines,
You've seen the dancing fish in the crystal chalice.
Ah, that dream, born of mischief and play,
You are that dream of playful delight.

I went to knock at my beloved's door,

To scatter yellow and amber flowers,
Breathless, filled with turmoil, the sights you've seen.
From where and what shall I speak of your embrace?
You are the flustered eagle, held tightly in your arms.

۷۳- من و تو

پشت و پاها خورده‌ایم
مگر فکری مانده برای من و تو
خورشیدها آمدند و وانمود به رفتنشان
چه آرزوهایی از آمدن و رفتنشان
از رفیقان پوست روباهی به تن
چه امیدی از انداختن پوستی از بدن
من و تو بر سر کوهی زانو در بغل
چه امیدی از فرار از بی نفسان
چشمه‌هایی که بر دوش کشیده از یارانی
آه که چه دودمانی مانده برای من و تو
ببسته چشم‌هایی از یادها و خواسته‌ها
رفتند به باد از آمدن و رفتنشان
مانده‌ها از مشتی بازی در غروب
آفتابی به غروبی وانمود از رفتنشان
گوله برفی‌هایی که پروازش دهی
چه امیدی از خنده‌ها و برگشتنشان؟
دست بردار از زانوها به بغل گرفتن‌ها
مگر رفته به بادها چه امید از برگشتنشان؟
قلم‌هایی شکسته کاسه‌هایی لبریز شده
نه از آمدن و نه از رفتنشان

You and I

We've stumbled upon each other,
Is there a thought left for you and me?
Suns have risen, feigning their departure—
What wishes linger in their comings and goings?

From friends cloaked in the skins of foxes,
What hope lies in shedding the skin of the past?
You and I kneeling on the mountain's edge,
What hope is there in fleeing the breathless void?

Springs carried upon the backs of beloveds,
Ah, what legacy remains for you and me?
Eyes shut tight against memories and desires,
Swept away by the winds of arrival and departure.

The remnants of a handful of games at dusk,
A sun feigning its descent in the evening glow.
Snowballs you once launched into the air,
What hope is there in laughter and their return?

Let go of these knees, these embraces—
What hope remains as they drift into the winds?
Broken pens and bowls overflowing,
Neither from their comings nor from their goings.

۷۴- فراموشی

آتشی بر پا و گیرد دامن‌ها
فریادهایی که برون از بی‌نفسان
دست به دریاهایی از فرو رفتن و خشکی‌ها
دانه اشک‌هایی از فرو ریختن و بی‌شماری‌ها
فشرده بازوانی نحیف و رنجور و
رنگ و رویی باخته
نفسانی گرمی به طوفانی و سر به زیر انداخته
رویای من از قلب سوداگران
بی‌خبری آموخته
از نفس‌های بی‌تاب تو سوداگری‌ها آموخته
کجاست آن دل بی‌آرام و خواسته‌ها؟
از نفس افتاده‌ها در دام زمانی چه قرار؟
از داغی خواسته‌ها و رنگ و رویی باخته
من حیران زده از حال و نگارت چه خبر؟
از آسمانی بی رنگ و رویی بی نفس چه خبر؟
روزهایی بی نام و نشان
عاقبت روزی به پایانی می‌رسد
لذتی از حرم صحنه‌ها به خواب‌هایی و
به آغوشی می‌روند
ای داد ای داد
لذت‌های زندگی‌هایی رفته از یاد
غریبی‌هایی جای گرفته
خنده‌هایی رفته از یاد
دوست من از غریبی‌هایی سخن و
فرار از روشنی‌هایی سخن
فرار از خندها و خنده‌ها
آسمان‌ها از قار قار کلاغانی سخن
فراموشی از شکرشکنی طوطیان و نغمه‌های بلبلان

Forgetfulness

A fire ignites, catching at our hems,
Cries that emerge from breathless depths.
Hands submerged in seas of sinking and dryness,
Tears scattered in a multitude, overflowing.

Frail, worn arms are tightly pressed,
A faded hue, lost to the world.
A warm breath, beneath the storm's weight,
My dream from the hearts of traders.

Ignorance has taken root,
In the restless breaths of your commerce.
Where is that restless heart, full of desires?
What solace lies in the grasp of time's snare?

From the heat of wishes, a lost complexion,
I stand, bewildered—what news from your gaze?
What news from a sky devoid of color and breath?
Days without names or traces.

Eventually, the day reaches its end,
Pleasures from sacred scenes drifting into dreams,
And into embraces they go.
Oh, woe, oh, woe!

The joys of bygone lives fade from memory,

Strangeness has settled in,
Laughter has slipped away.
My friend speaks of the strangeness,
Of fleeing the light,
Of escaping laughter and joy.

The skies echo with the cawing of crows,
Forgetfulness breeds the broken songs of parrots,
And the melodies of nightingales.

۷۵- آخرش چی؟

امروز هم با باز کردن چشمانم

که هر چه پیش آید باداباد

به فردایی خواهم رسید باداباد

هر چه پیش آید خوش آید

به باد و آبادهایی می‌رسم به دیروزها و فرداها

کجای فرداهایی با فرق دیروزها

فرداها و فراموشی‌هایی از دیروزها و دیروزها

چه کرده و چه پشیمانی‌هایی از گذشته‌ها

این روزهای تکراری

چه فکری و چه نتیجه‌ای برای فرداها

نه عقب رفتن و نه برگشتن از آن

دوست دارم که ببینم چیست این یا آن

چه فرقی می‌کرد یا می‌کند آخرش چی

در خواب تو را دیدم با نخ‌هایی پیچیده به انگشتانت

با خنده‌ها و سوالی برای باز کردن پازلت

فقط با خنده و تکانی بر سر

این درس کهنه را کناری بگذار

از هوایی بی رمق و از نای رفته

از خنده‌هایی آثاری از گذشته‌ها

نه نشانی از برگشتنشان

خنده‌هاست فقط برای من و تو

خنده‌هاست فقط برای من و تو

اگر نه پس چیست فردا و فرداهای برای من و تو

بازی ما از صد سال گذشت

چه امیدی و چه خنده‌هایی از روز بعد

تو بگو تو بگو حرفی بزن

چه فرقی از دیروزها و فرداها

آنقدر بخندیم تا خجالت خشمگین و از حال رفته

چشمه‌ای از داد و فریادهایت را بگو

چشمه‌ای از بازی‌های این زمانه‌هایت را بگو

چشمه‌ای از طوفان‌ها و باران‌هایت را بگو

چشمه‌ای از اشک‌هایت برای باغ‌های دل بی آرامت را بگو

عشق من از اشک‌هایت برای باغ‌های دل بی آرامت را بگو

What's the End?

Today, as I open my eyes,
Whatever comes, let it be,
I will reach a tomorrow, come what may.
Whatever comes, may it be good,
To winds and the gardens of yesterday and tomorrow.

Where are the tomorrows that differ from yesterdays?
Tomorrow and forgetfulness of days gone by.
What regrets and what actions from the past?
These repetitive days—

What thoughts and what results for the morrows?
Neither retreating nor returning from it.
I long to see what is this or that—
What difference does it make, after all?

In my dream, I saw you, threads tangled around your fingers,
With laughter and a question to untangle your puzzle.
Just laughter and a nod of the head—
Set aside this old lesson,

From a weary air and a fading breath,
From laughter that echoes remnants of the past—
No signs of their return.
Laughter is just for you and me,
Laughter is just for you and me.

If not, then what are these tomorrows for us?
Our game has passed a hundred years.
What hope, what laughter for the day after?
You speak, you speak, say a word—

What difference is there between yesterdays and tomorrows?
Let us laugh until embarrassment turns angry and lost,
Eyes that are weary from your cries—
Eyes from the games of this time,
Eyes from your storms and rains,
Eyes from your tears for the restless gardens of your heart.
My love, from your tears for the restless gardens of your heart,
speak.

۷۶- اشک‌ها و لبخندها

من که به عشقی و عاشقی
خیالاتی فکری می‌پروراندم
به فروپاشی‌هایی تن داده و خجل از بی‌خوابی‌ها
من که با آغوشی باز دل به های و هوی های او
زمین و آسمان را به هم دوخته
فرش گل‌های بهاری را به خجالت وا داشته
از خجالت‌ها و صورت رفته به خوابش
به بیداری و بیدار شدنش و رفته به خوابش
باز به فرمان‌ها و خنده‌های رفته به یادش
رویایی فارغ از عشوه‌هایی و طنازی‌ها
کجاست آن افسونگر و افسونگری‌ها؟
شب را به سحر کرده با صداها و نغمه‌ها
رفته را به رفتگان سپرده
ولی دور از سحرگاهان و سحرهای سر به زیر انداخته
نفس‌هایی از راه دور فرار از مهی پنهان شده
آن ستاره من است با چشمک‌ها
شب را به سحری خواب آلود
روز را با محو خود از روزها و خورشیدها
امروز را تمنای دلی
روز را سپری به شبی تاریک
بیداری‌ها ای برای چشمک زدنی‌هایی
که من بیدارم که من بیدارم
فقط برای نوای دل تو
و فقط برای نوای دل تو
و فقط برای خواسته‌های دل تو
بخواب بخواب
فقط به خاطر دوری از اشک و آه تو
بجای اشک تو
ابرها را وادار به شبی طولانی
و مجبور به اشک‌های فراوانی
فقط به خاطر دوری از اشک و آه تو

Akbar M. Fakhar

Tears and Smiles

I, who nurtured thoughts of love and longing,
Surrendered to collapses, ashamed of sleepless nights,
I, who opened my arms to his exuberance,
Wove together earth and sky,
Turning the spring flower carpet into shyness,
From the blush and the face fallen into slumber,
To his waking and sleeping again,
Returning to commands and laughter blown away.

A dream free from flirtations and wiles—
Where is that enchantress and her sorcery?
Transforming night into dawn with sounds and melodies,
Entrusting the departed to those who have left.
Yet far from the dawns,
And mornings bowed down in humility.

Breaths from afar, escaping a hidden fog—
That star is mine with its twinklings,
The night becomes a sleepy dawn,
The day fading from days and suns,
Today is the yearning of a heart,
Spending the day in a dark night.

Awakenings, oh for the winks of life,
That I am awake, that I am awake,
Only for the song of your heart,
And only for the song of your heart,

And only for the desires of your heart.
Sleep, sleep,
Only for the distance from your tears and sighs,
In place of your tears,
Forcing the clouds to endure a long night,
And compelling them to weep plentifully,
Only for the distance from your tears and sighs.

۷۷- عصیان

حال که به فروپاشیدنم نزدیک

قلبم به رسوایی‌هایی سخن

که به وجد و طغیان رسیده

فرار از بازی‌ها و بازی‌ها و بازی‌ها

عصیان باورها

چه انتظار از آن فرداها؟

بدون چون و چراها

عشق من یاری بده

از عصیان‌هایی بگو بدون آشفتگی‌ها

سخنی از من آشفته سر در گریبان

نشان‌هایی از یاری‌ها

کجایید کجایید کجایید

ببینید من گم کرده راه و من رفته به خواب و رفته به

باد

بیایید بیایید

برقصید و پای کوبان بر سر خاکم

بیایید بیایید بیایید

با لبخندهایی که هیچ برگ پاییزی نماند به جا

بیایید بیایید بیایید

افسارها پاره پاره پاره

نگاه‌ها از روزنه‌ها

با خنده‌ها از شعف رفتگان

بیایید بیایید برقصید برای خواسته‌ها

پای کوبان و پای کوبان و پای کوبان

بیایید بیایید بیایید

برقصید و بخندید و پای کوبان بر خاکم

بیایید بیایید بیایید

Rebelion

Now that I'm nearing my collapse,
My heart speaks of scandals,
Reaching ecstasy and insurrection,
Fleeing from games and games and games.
A rebellion of beliefs—
What hope is there for those tomorrows?
Without questions or conditions.

My love, lend your hand,
Speak of rebellions without confusion,
Words from my troubled self,
Signs of assistance—
Where are you, where are you, where are you?
See, I've lost my way, drifting into sleep and wind.

Come, come,
Dance and stomp upon my grave,
Come, come, come,
With smiles that leave no autumn leaf behind.
Come, come, come,
With reins torn apart,
Gazes from the windows,
Laughter echoing from the departed.

Come, come, dance for desires,
Stomp and stomp and stomp,
Come, come, come,
Dance and laugh and stomp upon my earth,
Come, come, come.

۷۸- معلمی با کلید یک وجبی

معلمی داشتیم با کلیدی به قد یک وجب
کارش در کلاس نه گفتن و
زدن کلید یک وجبی بر سر این و آن
به جای باز کردن دری با کلید یک وجبی
از پاشیدن مغز سری با آن کلید
به قد یک وجبی گواه
مثل این که آن کلید یک وجبی
درست شده نه برای باز کردن دری
گویند کتک معلم شاخه گل است
ما همیشه برگشتیم با دسته گلی
وای خدای من
می‌توانست با آن کلید یک وجبی درها باز کند
ولی ولی اون همیشه به فکر بستن است
فراموشی که چه درهایی می‌شود باز
درها و قلب‌های دیگری
این بکن و آن بکن فقط افکاریست مغشوش
فقط لبخندی بزن زندگی دیگری هم هست
چه نیازی به نه گفتن‌ها
سر به زانویی می‌زنم چشم‌ها همه بسته
فرار از نه ها و نه ها
کلیدها و کلیدها و در پشت سر بستن‌ها
به کجا فرار و به کدام چاهی کلیدها ریخته؟
از کی و چه بگریزم
تا به درها و قلب‌های بازی بنشینم
صبح شده شاید روز روشنی
بدون قفل و کلیدها
افکاری و خنده‌هایی
آن کلاس خط و مشق
با معلمی با کلید به قد یک وجب
که هنوز در باد سرم با آساری
به بادی و روشنایی‌هایی
بیرون از کلاس به خاموشی‌هایی سپرده

Teacher & the Key in Hand

We had a teacher once, key in hand—
A key no longer than a span,
In class, his word was always "No!"
A tap of the key on head or brow.

That span-long key, not meant for doors,
But cracking heads—our minds, for sure—
Oh, how it spoke of heavy blows,
Not meant for opening paths to go.

They say a teacher's strike's a flower,
But we returned with wilting power.
Oh my God, how could he hold
A key that could unlock, unfold—
Yet all he thought was how to seal
The minds, the hearts, with "No's" and steel.

Forgotten were the doors to open,
To hearts and dreams still softly spoken.
"Do this, not that," his muddled cry,
A life without the "No's" would fly.

I rest my head upon my knee,
Eyes closed, a prayer to break free.
Away from all the heavy locks,
The keys, the doors that life has blocked.

Where do I run, where keys are cast

Into the well of days long past?
From what or whom do I escape,
To find the hearts that still await?

The dawn has come, a brighter day,
No locks or keys to bar the way—
Just thoughts, and smiles, and a class once cold,
With a teacher, key a span to hold.

But now, the breeze upon my head,
Speaks of life, where locks have fled.
Beyond the classroom's fading light,
Into the wind, the warmth, the night.

۷۹- تکه پراکنی‌ها

از ریال به تومان و تومان به دلارهای بی وجدان

که ماشاالله به چک پول‌های میلیونی

منظور چشم به هم بگذاری... چه زمان‌هایی که نگذشته بی‌حساب

فقط فرع به خاطر می‌آید و قصه اصل به باد

ای کاش این کار می‌کردم و فراموشی به خاطری می‌آید

منظور از نوشتن این‌ها اظهار فضل نیست

فقط نزدیک کردن به رابطه‌هایی

که دورتر و دورتر می‌شوند

که متاسفانه از اصل یا می‌ترسیم یا که مبادا

به آن نرسیم...و با فرع کنار می‌آییم

خارج از دنیای کودکی

دور از هم‌نفسانی به خوابی کوتاه

و روزی به خوابی طولانی

بدون هیچ انتظار و هر چه باداباد

نه افتادن ز پا و نه دستم بگیری

دنیا مال تو ما نخواستیم هر چه باداباد

می‌گی هی می‌گم باشه می‌گی نباشه می‌گم هر چه باداباد

Scattered Fragments

From rials to tomans, and tomans to soulless dollars,
Ah, the million-toman bills—they fly, they fall—
In the blink of an eye, time passes without tally.
And yet, all that's remembered is the fraction,
The essence of it blown to the winds.

Oh, had I done this, had I done that—
Memories linger like fog on a fading dawn.
But this writing isn't meant to boast,
Merely to bring closer the bonds
That drift farther and farther apart.

Sadly, we fear the root,
Or perhaps it's that we may never reach it.
So we settle for the surface.
Gone is the world of childhood,
Far from those who breathed the same air,
Into a brief sleep,
And one day, into a sleep everlasting.

With no more waiting—let come what may.
Neither falling from grace,
Nor needing your hand to lift me.
The world is yours—I never asked for it.
Let come what may.

You say "this," I say "fine."
You say "not that," I say "whatever."
Let come what may.

۸۰- خدا و خدایی

مسجد و بتخانه همین جاست همین جاست

چرا سر به آن دنیاها بزنی

که خدا هم همین جاست همین جاست

رفتم به در باغی با سوال‌هایی بی جواب

زدم بر در باغ

گفتم که تو خدایی؟

دیدم نفسی حبس شده

حیران و ویران شده

به آسانی بخوانم جواب‌های بی جواب

رنگ و روی رفته اش

با جوابی آشنا

مسجد و بتخانه همین جاست همین جاست

نفسی حبس شده

به دنبال چه می‌گردی همین جاست همین جاست

اشک و آهت را به بادی بسپار

که مسجد و بتخانه همین جاست

ماه و خورشید را تو می‌خوایه

ببر از آن تو

ولی مسجد و میخانه همین جاست همین جاست

اشک و آهت را ببر

بازوان ستبرت را ببر

که آن هم همین جاست همین جاست

God and Godliness—

The mosque and the temple, they are here, they are here.
Why look to other worlds,
When God too is here, He is here.

I went to a garden's gate,
With questions unanswered.
I knocked at the door,
And asked, "Are you God?"
I felt a breath held still,
Shaken and broken,
Answers came easily, though still without answer.
His face pale, but the reply familiar—
The mosque and the temple, they are here, they are here.

A breath held still,
What are you seeking? It's here, it's here.
Cast your tears, your sighs, to the wind,
For the mosque and the temple, they are here.
You desire the moon, the sun—
Take them, they are yours.
But the mosque and the tavern, they are here, they are here.

بهار من و تو

مرا از یادهائی بگو که داده ایم برباد
نفسهای عریانی از خورشید رفته بخواب
ماه هم سر بزیر و از نفس اُفتاده
آسمان هم ابرها را در بغلی بفشرده
نفسهائی از راه دور ولی نا آشنا
شاید آشنا از فروپاشیها
که مرا دورتر ودورتر
یاری از همنفسان
شهابی با دنبالهای رنگین کمانک
با فراری نا آشنا و صدائی خواب آلود
دستم بگیر دستم بگیر
روی برگردانده با نوانی
دادی بربادم و رفتی از یادم
ز پا افتاده زپا افتاده بهار من و تو
دستم بگیر و گذر از این بهار من و تو

Our Spring

Tell me of the memories we gave away, Of breaths left bare in a sun gone to sleep.

Even the moon bows its head, Even the sky clutches its clouds tight.

Distant breaths—yet unfamiliar, Or perhaps familiar in their ruin, Pushing me farther and farther away.

Where is solace in shared sighs? A comet streaks with a rainbow tail, Fleeing into silence, lost in drowsy echoes.

Take my hand, take my hand— You turned away with ease, Scattered me to the wind, And let me fade from your mind.

Fallen, weary—our spring is undone. Take my hand, lead me past This fleeting season of you and me.

آیا این زنگ آخر است

آفتابی که به طلوع کردنش می بالیدی
به کجا و به کجا پشت کرد
باد و طوفانی که به آن پشت کردی به کجا رفت
به کجا رفت آرزوها
فقط غیب شدنها و تکیه بر بادی
آرزوهائی و دودمانی صد ساله
که در یک ثانیه از فروپاشی هائی سخن
صحبت از فیلهای زنگوله به پا و شیرهای جنگلی
که به موشهائی در باطلاقی تبدیل شده و از نفس افتاده
تو چرا و من چرا و فرار از این چرا ها
دودمانی که به عمر نوح تشبیح
من کجا و تو کجا و آخر این کتاب به کجا
این چشم بستن ها و از پا افتادنها
نه دستم بگیر و نه پای به پای
ما نخاسیم ما نخاسیم
همین دنیای کوچک ما را بس
وای از این دل بستگی ها
قلبم را دادم به چه کسی
نگاهی بر پشت سر چه آیدی
همان بازی زمانه و تکراری
باز نه به جلو رفتن و نه برگشتن به آن
بستن چشمها و فرار از بازی زمانه
بدون هیچ درسی برگشتن به آن ؟؟؟

Is This the Final Bell?

The sun you once praised at dawn, Where did it turn?
Where did it hide? And the storm you turned away
from— Where did it go?

Where have the dreams wandered? Only vanishings
remain, Leaning on winds, chasing smoke—
A dynasty a hundred years strong, Collapsed in a single
breath.

Elephants once adorned with bells, Lions once ruling the
wild, Now breathless, sinking as mice Into the swamp of
time.

Why you? Why me? And why flee from these whys? A
lineage compared to Noah's years— Yet where am I,
and where are you? Where does this book end?

Eyes closing, feet failing— No, don't take my hand, And
don't walk beside me. We don't want this, we don't want
this. This small world of ours is enough.

Oh, these attachments— To whom did I give my heart?
What waits behind me but regret? The same old game of
time, repeating, Neither moving forward nor returning.

Close your eyes, run from the game— But will we
return, Having learned nothing at all?

آوازه های من و تو

این صدای من است

از اشک و آهی حکایت میکند

قطره هائی که از نوازشهائی گزشته

باد و باران را به طوفانی تقدیم میکند و

از فردائی خواب آلودی گواهی میدهد

مرغ عشق هم رسوائی هائی میکند

دامنی از برگهای پائیزی

همراه مرغ عشق را به بادی میسپارند

رفته رفته زانوان از داد به فریادی میشوند

صورت رنگین کمانش

از آشفتگی ها به مردابی میشوند

آن برق نگاه فرار از بازی های روزگار

به شبی تاریک پناهی میبرد

کجا رفت آن سهم زندگی ها

جوابی به این چشمان خسته و داد از لرزان پا

جوجه ها نی که نه یادی از جوجگی ها

و نه یاد از بزرگ شدن ها

بخواب آروم بخواب آروم

من بیدارم به صدای نفسهای آروم تو

بخواب آروم بخواب آروم ناز دل من

Akbar M. Fhakar

The Echoes of You and Me

This is my voice, A tale woven from tears and sighs,
Drops of longing, once caressed, Now gifted to the
storm, A witness to drowsy tomorrows.

Even the lovebird sings of disgrace, Scattering autumn
leaves in its wake.
Winds carry its sorrow away, While knees, once firm,
Bend into silent cries.

The rainbow's hues, Fading into a restless swamp,
And eyes, once bright with fire, Seek refuge in the
dark of night.

Where has life's fair share gone? Who will answer
these weary eyes, These trembling feet?
Chicks—neither memories of youth Nor dreams of
growing old.

Sleep now, sleep in peace. I will stay awake, listening
To the quiet rhythm of your breath. Sleep now, sleep
in peace, My tender heart.

دل باخته گان

بدون هیچ   نام و نشان و انتظار

چشمه ها جوشیده و از جوشاندن افتاده اند

خورشیدها آفتابی و در خواب و خاموشی اند

پرنده ها در زیرکی ها   یا   درمانده به جوابی

نی لبک با صدائ گوش خراش

به جوابی بیحساب

رنگ زردش از صدای آزردگان و آزورده شدگان

نفسهای عمیقش   از راه دور بیداست

روی زردش حکایتها   از سالهائ بیحساب

سر بزیر و سر بزیر از سالهادئ بی حساب

آسمان آبی ولی روشن از ابرهائ سوخته

به بار باران   به بار باران به بار باران

یاری بده به آشفته دلان عاشق و گنهکار

به کجا و به چه هوایی دل باخته و دل باخته ای

Akbar M. Fhakar

The Love-Lost Ones

Without name, without trace, without hope, The springs
have risen and fallen silent. Suns have shone and sunk
into sleep, Birds linger—clever or lost for words.

A flute wails with a piercing cry, Its tune an answer
without weight. Its yellowed hue, a whisper of sorrow,
Born from the wounds of the broken.

Its deep breaths speak from afar, Its pale face tells
endless tales, Head bowed—forever bowed— Under
the burden of untold years.

The sky is blue, yet lit with the ash of burnt clouds. Let
it rain, let it rain, let it rain! Give solace to the restless
hearts, To the lovers, to the lost, to the sinners.

Where do they go? Which wind carries a heart undone?

ساربان

وای اگر ماه نبود سرگشته یا هشیار نبود

به فریادم برس

رفته بودم که بگویم از حال او

گفت . حال من و حال تو را

از دریای خروشان و ابر بارانی بپرس

سر بر زمینی میزدم

بدون دریای خروشانی و سرابی

آسمان آبی و فرار از اشها و گریه ها

سرابهاهم سر بزیر و پاشیده به هوا ئی دیگر

به تمنای نفسهای تو

ماه و خورشید را شرمنده به نفسهای گرم تو

بید مجنون هم سر بزیر انداخته

آوازهای مرغان رنگین و یاغیان

وای اگر ماه نبود و رفته به خواب

خورشید هم در خواب و خیال

دگر از تو خبری نیست

نهفته یادها و بی وفایی ها

Mirage

Oh, if the moon were gone, If none were lost or none aware, Who would hear my cry?

I went to speak of his fate, But he said, Ask the stormy seas, Ask the weeping clouds Of my state and yours.

I bowed my head upon the earth, No raging sea, no shimmering mirage, Only a silent blue sky, Fleeing the echoes of sorrow.

Even mirages turn away, Drifting to another air, As your breath burns the sun and moon To shame with its warmth.

The weeping willow bows low, The rebel birds fall silent. Oh, if the moon were lost in slumber, If the sun too faded to a dream, Then you, too, would be gone, And only buried memories would remain, Wrapped in silence and betrayal.

ساقی

برفتم بر در صد می خانه ای
جامها آویزان بر در و پیکرها
ماهرُخان و ساقیان نقش بر دیوار ها
همگی مست و خراب
آن در و دیوار به خوابی طولانی
بسازید مرا ای مریدان دیوارها
ساز من بشکسته و از نفس افتاده
ساقین همه از مستی ها سخن و
همه مست و خراب
روی من سیاه از دیر شدنها و دیر شده ها
بسازید مرا بسازید مرا ای مریدان حق
نه دگر دوست شناسم
نه دگر از مریدان حق خبر
بسازید مرا بسازید مرا
ای مریدان نقش بر دیوار ها

Akbar M. Fhakar

The Cupbearer

I wandered to a hundred tavern doors, Goblets hanging,
walls adorned Painted lords and drunken hands, All lost
in revelry and ruin.

The walls, asleep in endless night, O faithful ones,
restore me whole! My melody is broken, breath has
faded, While cupbearers speak of nothing but wine.

All are lost, all are drunk, And my face bears the stain of
time Too late for arrivals, too late for return.

O seekers of truth, rebuild me now! I know no friend,
nor faith remains, O painted souls upon these walls,
Restore me, restore me once again!

نایداس

ساقیم افتاده زدستم پیمانه ام
جامی بر باد داده خون بهایی داده ام
آن بهاء ساقیان را از جام حاتم ها طلب
دیده ها بگشوده   از دیده مست خراب
ای ساربان   آهسته ران
من را بساز در این راه   دراز
با جام پُر باده ئی
من عقب افتاده ام از ساقیان و باده ها
ره بگشای از این خواب و خیال وساقیان
چون   همه چشم بگر دوخته وزمزمه ها
ای ساربان   آهسته ران
من را بساز از ساز و نی ای و ساقیان

Akbar M. Fhakar

O Caravan Keeper

My cup has fallen from my hands, The wine is lost, the price is paid. Seek that price from lavish hosts, For I have watched with drunken eyes.

O caravan keeper, tread softly, Help me through this endless road. Winds have stolen all my wine, And I lag behind the feast.

Awaken me from dreams and mirage, Where goblets gleam and whispers rise. O caravan keeper, tread softly, Let music guide me back to life.

زورق

این دل کوچک و بی پناه من

دل به چه بی بهاری خوش کرده

چشم تشنه به بهارانش و

زورق خسته و رفته بخوابش

به قله کوهی پناهی میبرد

چه جوابی به آن زمستان بی بهاری میدهد

اشک چشمانش به جویباری

برق نگاهش به برق و بارانی و

نفس افتاه بخاکش

از فراموشی هاش سخن

آن دل بی آرامشش

به فریادی میرسد

آتشی بر زانوی یار

با چه هیا هوئی میکشد

ابر گریان بهاری را به چشمهٔ مزابی هدیه میکند

ببین که ابر بهاری خزانی شده

رودی که روزی به نهری امید

حال به مردابی سنگین شده

The Boat

My small and helpless heart, Clings to a spring that never comes. Its thirsty eyes still wait for blooms, While its weary boat drifts into sleep.

It seeks refuge on a mountain peak, But what answer can it give To a winter with no spring?

Its tears turn to a running stream, Its gaze sparks with storm and rain, Its breath sinks into the dust, Speaking of forgotten days.

That restless heart, Rising in a desperate cry, Sets a fire upon a lover's knee What a wild, raging fl ame it feeds! A weeping cloud gifts molten springs, But see how autumn claims the sky. The river that once fl owed with hope Now sinks into a heavy swamp.